Yvonne Poncet-Bonissol

Pleins feux sur l'amour

En collaboration avec Florence Trébaol

Dangles
EDITIONS

L'AUTEUR

Psychoclinicienne, présidente de l'Association de défense contre le harcèlement moral, **Yvonne Poncet-Bonnissol** est l'auteure notamment de *Pour en finir avec les tyrans et les pervers*, *Pour en finir avec les blessures de l'amour*, et de *Face aux violences des personnalités perverses : les victimes témoignent.*

Du même auteur

Harcèlement moral dans la famille - Yvonne Poncet-Bonissol - Éditions Dangles - Octobre 2009.

Trahison dans le couple et la famille - Yvonne Poncet-Bonissol - Éditions Dangles - Novembre 2009.

Adolescents - Crises, révoltes et fractures - Yvonne Poncet-Bonissol - Éditions Dangles - Mai 2010.

ISBN: 978-2-7033-0843-0

Une marque du groupe éditorial PIKTOS
Z.I. de Bogues – rue Gutenberg – 31750 Escalquens
Bureau parisien : 6, rue Régis – 75006 Paris

www.piktos.fr

INTRODUCTION

Prendre un pari, après des siècles d'essais, de romans où ont coulé des fleuves d'encre en rouge et en noir sur un thème « humain, trop humain », tellement humain : **se risquer à mettre des mots sur la relation amoureuse**, ce cœur qui fait battre la vie qui va, vibration de vie puissante qui donne à l'existence une partie de son sens, mais qui relève d'un vrai parcours du combattant. Ce serait peut-être **l'une des dernières aventures humaines dont il faudrait relever le défi**. Avis aux amateurs : que reste-t-il, à l'heure d'Internet, des portables, de la pression économique et sociale, de la relation amoureuse, après toutes les révolutions qui ont fait exploser les certitudes du couple ? Ne demeure-t-elle pas cette terre inconnue, ce diamant brut au mystère lumineux et dur, qui appelle, engage l'homme, la femme à une exploration intérieure ? Ne passerait-elle pas par le don de soi plein et entier pour trouver un jour, tôt ou tard, cette communion à laquelle chacun aspire, pour célébrer le miracle des noces de Cana ? **Cassons vite les visions éthérées qui protègent pourtant de la réalité, à regarder droit dans le miroir** : cette réussite d'amour ne serait, nous disent des neurobiologistes et des psychothérapeutes, que le résultat d'un travail qui s'appuie sur la volonté de renouveler le désir, cette flamme à alimenter… Question de chimie, d'hormones, d'histoire personnelle, mêlées, à mettre en chantier trois ans plus tard, si l'on veut que cela dure… Ce « tramway nommé désir » ne suffit pas en soi : il faut l'alimenter, encore et toujours, en se retroussant les manches, pour que la locomotive poursuive sa route. Contre les idées reçues, disons **qu'aimer est un travail**, « celui auquel tous les autres nous préparent », disait Rilke dans ses *Lettres à un jeune poète*… **Au-delà des fantasmes sur l'amour fou, gageons que cette folie d'amour à laquelle rêve le couple doit triompher du rouleau compresseur de la vie ordinaire,** de la « vie mode d'emploi », de la « difficulté de vivre » dont parlait Françoise Dolto… La relation de couple, entre fantasme et réalité… N'hésitons pas à jeter un regard lucide sur ce qui la parasite, la menace, en l'interrogeant froidement, avec un stéthoscope qui viendra prendre la température du cœur : et **si la relation amoureuse aboutie, c'était la maison de cœur que construiraient deux individus accomplis, donc toujours vivants, dans le mouvement de leur propre existence ?** Autrement dit, l'amour qui dure ne se suffit pas à lui-même, chacun sachant **qu'il ne faut pas tout en attendre.** Au commencement, il y aurait cet élan intérieur, cet appel impérieux, de l'ordre d'un destin à vivre, qui vous fait dire, comme Montaigne pour l'amitié, « parce que c'était lui, parce c'était moi »... **Socle essentiel**, sans lequel tout le reste n'est que tricherie, arrangement bancal, qui un jour vous arrache la nuque. **C'est alors, seulement, que cela commence, que tout reste à faire, à inventer, au jour le jour**. Pari audacieux, pari d'une vie, merveilleux et exigeant. Un, deux, trois, partons à rebours, comme des enquêteurs, sur la « carte du Tendre ». *Il était une fois, la relation amoureuse*... Tenez ferme entre vos mains le fil d'Ariane des mots qui tenteront de nous éclairer, dans cette traversée du tunnel vers l'accomplissement amoureux. Pensons pourtant qu'en matière de relations amoureuses, il n'existe pas de brochure qui offre le savoir-faire idéal et absolu, tant l'amour, grande affaire d'une vie, est cette énigme vive vers laquelle nous tendons tous. **Apprendre à écouter son cœur**, sentir la vibration, donc, pour donner enfin sens à nos vies. **Parce que l'amour, ce serait l'inexplicable, enfin ressenti comme une certitude du cœur** qui relie à l'autre, au ciel, au cosmos, avec le temps que cela prend.

ENTRE NAISSANCE DE L'ÉTAT AMOUREUX ET AMOUR PLEIN ET ENTIER, IL Y A UN MONDE…

Vous avez dit « histoire d'amour » ? Zoom sur trois temps forts : entrevoir ce qui se joue…

Temps 1. Naissance, soudain, en soi, de ce drôle d'état si étonnant…

Ce qui guette, tôt ou tard, à un tournant de vie…

Qui n'a pas connu cet étrange état de basculement où soudain tout, autour de soi, paraît autre, différent, comme s'il s'agissait d'un chaos, **d'une forme de tremblement de terre du corps et du cœur** ? Tel un personnage s'échappant en douce des pages d'un roman romantique, vous êtes soudain traversé par une impression inexplicable, mais si vague, quasi indéfinissable. **La vie que vous meniez au jour le jour se colore maintenant de teintes fades :** qu'elle est étrange, et parfois pesante, cette sensation diffuse de sens perdu qui écorche vif, fait ralentir, marquer le pas, s'interroger. Le regard se promène sur la vie, la ville, les autres, sans être là, et ne reconnaît plus rien. Temps d'errance, temps suspendu, temps de changement. Le **grand boom du cerveau, du cœur et des sens se prépare**… Il y a comme une attente presque languissante, qui palpite et désoriente, silencieuse. Tellement étonnante. Éros, rôdé depuis des siècles, prépare sa flèche ; il est embusqué, pas très loin de là. Plus prosaïquement, loin du

« vague des passions » des Chateaubriand et consorts, les phéromones et autres ocytocines sont les déferlantes qui vont prendre d'assaut le cerveau. *Dixit* le corps scientifique. Hormone, mon amour… Préparez-vous. **Acceptez le mouvement**, la vague qui monte du bout de l'horizon océanique. **Laisser faire, lâcher prise, sans affolement. Faire confiance à l'élan de vie qui s'impose à soi. Juste se mettre à l'écoute de cette petite voix qui monte, sans chercher à l'étouffer**. Rien ne saurait l'arrêter. Telle une source contrariée, elle ressurgirait, ailleurs, plus fort. Au fait, qui est concerné ? Et quels sont les signes de cette montée du sentiment amoureux à naître ?

Adolescents et adultes au bord d'un renouveau

Cette expérience, qui à tout âge, désoriente, met hors jeu, change tout, fait errer comme Orphée dans sa forêt à la pensée de son Eurydice à jamais perdue, ressemble à un sursaut : soudain **sonne l'heure d'une vie nouvelle en marche**. *Un homme, une femme, chabadabada*… Ils ont quinze ans, trente ans, ou davantage. « On n'est pas sérieux, quand on a dix-sept ans », nous murmure Rimbaud… C'est imminent : une rencontre avec un autre s'annonce, **quand on a trouvé son corps à soi, émancipé, décroché de l'antre familial**, après les tâtonnements, les premières expériences sensorielles : les pulsions sexuelles boostées par les hormones vont maintenant pouvoir se satisfaire, le désir pour un autre**, ce si attirant mystère en rouge et noir, va naître. Pourtant, à trente ans, quarante ans, cinquante ans, plus tard aussi, le cœur peut se mettre à courir un soixante**

mètres, se remettre en vie. Éros et Aphrodite ont les idées vraiment larges et tirent sur tout ce qui bouge. Émilie se souvient de sa quarantaine, moment où tout a basculé :

> J'étais comme une adolescente désorientée qui regardait, surprise, sa boussole s'affoler, ne sachant plus si ma vie me convenait toujours, si mes choix de naguère étaient les bons. Je vivais une relation amoureuse bancale, sage, raisonnable, jouais avec constance mon rôle de mère, tenais ma place, dans mon entreprise. Un bon matin, j'ai commencé à me poser des questions, à chercher du sens à tout cela.

Fin d'un cycle, temps de renouveau qui s'annonce : **si la relation amoureuse,** après les fameuses deux ou trois premières années où la chimie gouverne le cerveau, **ne s'est pas construite sur un socle de désir érotique partagé, avec une intimité, cette sensation de vide creuse son nid**. Des hommes et des femmes ont soudain changé, se sont parfois réparés l'un l'autre, ne savent plus où ils en sont, comme anesthésiés. Quelquefois, pas assez libres intérieurement, ils ont construit un couple conforme à l'image attendue socialement, façon *La Vie mode d'emploi*, de Pérec : le confort, les choses matérielles ont englouti le désir. Il faut comprendre qu'ils sont **en marche vers une mutation**, vers une nouvelle étape qui les transforme, en tant qu'individus mûrs pour autre chose : « Vivez maintenant les questions [...] et prenez ce qui vient avec une grande confiance, et pourvu que cela vienne de votre volonté, de quelque nécessité profonde en vous, assumez-le et ne haïssez rien » *:* tel est le conseil de Rilke, dans ses *Lettres à un jeune poète* : **suivre, donc, cette voie si simple, si juste**…

Faire face aux assauts d'une tristesse vague, dans une vie de robot…

À quelque âge que ce soit, cette préparation à la naissance du sentiment amoureux suppose de **liquider psychiquement un ancien monde** : retirer la fameuse tendresse vis-à-vis de ses parents, nous dit Freud, ne se fait pas sans tristesse quand on est adolescent. **Vivre, donc, une perte**, avec le temps que cela prend. Il en va de même pour la vie d'un adulte rejouant le refrain d'une chanson de Véronique Samson, « À quoi ça me sert, si toute ma vie, n'est qu'une pauvre comédie » : une fin de cycle est en marche. Quelque chose se transforme, dans l'être profond, qui se détache du passé, comme un animal marin laisserait sur la grève une peau morte. « Plus nous sommes calmes, patients, et ouverts lorsque nous sommes tristes, plus le Nouveau entre en nous profondément, directement […], plus il sera un destin vraiment nôtre », nous répond à nouveau Rilke. **Accueillir, donc, cette tristesse dans cet « entre-deux-mondes » le plus tranquillement possible, laisser faire les urgences du cœur**. Pierre évoque son passé avec lucidité :

> Je me suis trouvé un jour stupéfié, las de cette vie de robot que je menais, échappant autant que je pouvais à moi-même, à mes désirs profonds. J'avais mis sous les verrous ma passion pour la peinture, et gérais, comme téléguidé, mon business, ma vie de famille, mon couple en vrac, sans complicité. Alors, la tristesse, le sentiment d'un vide abyssal ont creusé

leur trou. Je leur ai fait face. Sur mon chemin, j'ai vu quelqu'un. Une femme pleine de vie, qui m'a redonné l'élan, l'enthousiasme de vivre.

Se divertir, au sens pascalien, c'est-à-dire se détourner de soi, parce que la vie menée ne correspond pas aux attentes profondes : tel a été le cas de Pierre, avant la renaissance. **Il faut donc accueillir ce temps de néant, qui est préparation au sentiment à venir : assumer le face-à-face obligé avec la tristesse, c'est apprendre à dire adieu au passé, pour accoucher d'un être nouveau**.

L'impensable sursaut : son détonateur, quelqu'un qui passait par là...

Survient alors **ce moment phare de la rencontre d'une autre personne**, qui est comme **entrevue,** sur la grève, face à la mer. Elle est là. Elle s'impose. Elle change tout, très vite, ou graduellement. Elle est si terriblement vivante. Un frisson passe le long de la colonne vertébrale. L'incroyable se produit : la surprise amoureuse surgit, enfin, de ce « voyage au bout de la nuit » qui a mis sur le flanc. C'est une passante, surgie de nulle part, ou encore quelqu'un qui revient d'un passé lointain, perdu, oublié croyait-on : c'est la « Gradiva » de Freud en marche vers soi, Gradiva gravée sur un bas-relief, semblable à une jeune femme ressurgie – et si intimement connue – du temps de l'enfance. Soudain, les bourgeons refleurissent sur les arbres de la tristesse hivernale. **C'est juste un début, une lueur, un espoir qui luit, sur la mer plane du cœur en berne. C'est un déclencheur.** Un éclat de regard, une parole, une odeur de peau viennent tambouriner à la porte du cœur qui bat la chamade, encore et encore : cela tangue, chavire, c'est comme si, soudain, **vous étiez placé ou replacé dans les rails d'un destin à vivre. Cap sur la naissance ou la renaissance de soi**, à tout âge, qu'un autre être, placé là au bon moment, au bon endroit, offre en cadeau. **Sans doute n'y a-t-il pas de hasard, sinon des êtres qui se trouvent enfin parce qu'ils y sont prêts psychiquement**.

Ces paroles avouées qui font des cendres du passé

Ces phases naissantes de l'amour tournent court, quand ce sont des inconscients chargés qui se rencontrent, et donc des personnes enkystées dans leurs difficultés passées, qui ne sont pas prêtes à en parler, à s'en confier :

> J'ai compris, quelque temps après cette rencontre déterminante, que cela avait été de l'ordre d'un événement qui déclenche, et qui entraîne vers autre chose. Nous avons, lui et moi, parlé de nous infiniment, de nos précédents partenaires, de notre vie conjugale bâtie sur des marécages, comme si nous avions à déposer nos anciennes vies, à nous en délester, pour pouvoir aller vers autre chose.

Ce témoignage d'Hélène évoque à quel point **la parole est un sang qui circule, épure, nettoie**, entre deux êtres qu'une force inexplicable attire, et permet d'*aller vers autre chose* : de devenir une autre, un autre, prêts pour une rencontre amoureuse. Cela signifie que la main tendue vers demain, c'est comme « une chanson

qui te ressemblerait », chante William Sheller.
Se laisser entraîner, donc, par la mélodie des mots qui en finissent avec le passé, le réduisent en cendres : cette naissance de l'attraction amoureuse a tout de ces figures de Phénix qui renaissent de leurs cendres. **Les mots prononcés, confiés à l'autre, résonnent en indiquant une autre voie possible, celle de la vie vibrante qui va triompher**. « Le langage est une peau : je me frotte contre l'autre. C'est comme si j'avais des mots en guise de doigts, ou des doigts au bout des mots » : ce sont les paroles de Roland Barthes, dans *Fragments d'un discours amoureux*.

Basculement, libération, oh ! J'écris ton nom !

Bouffée d'oxygène, soudain, dans la vie qui se traînait, monocorde, privée de sens, à ressasser sans fin tous ses problèmes, **pour ne pas voir qu'on ne remplissait pas le « seul devoir humain » essentiel, « celui d'aimer », disait Camus…** Voici que dans le ciel, au-dessus de la mer, on entrevoit une éclaircie. Embellie en vue, « capitaine, oh ! Mon capitaine ! » Adieu stress, vie quotidienne qui pèse trois tonnes, petits problèmes et anecdotes grossis à l'infini, « souris qui accouche d'une montagne », pour une broutille de la vie ordinaire. En fait, l'essentiel manquait dans la relation : le désir partagé et entretenu, l'évidence d'un bonheur simple, la présence de l'autre à côté de soi, et le plaisir qu'on en a :

> La première fois que je l'ai vue, et que nous avons partagé quelques heures, j'ai senti que le poids lourd de mon existence ancienne disparaissait comme par enchantement. De confidences en rires, de regards qui

osent s'attarder puis se détournent, de silences lourds d'un trouble naissant dans nos corps, qui se parlaient déjà sans se toucher, d'instants chocs où nos mains se sont enlacées, la libération s'est opérée. Dans la rue, marchant à ses côtés, je me sentais si libre, si léger, la tête dans les étoiles, mais les jambes tellement mieux ancrées…

Le témoignage de Jean-Paul résume parfaitement ce que la rencontre opère : elle écrase un monde ancien, pour faire pousser de nouvelles fleurs sur une terre lavée. Ce monde peut être celui de la vie familiale pour un adolescent qui prend son envol d'homme.

Résistances, résistances, ou comment tester la « surprise de l'amour »…

Et pourtant, ces premiers moments de l'état amoureux en gestation ne sont pas exempts **d'épreuves dignes** d'un chevalier courtois devant faire **la preuve** de son courage, de son talent, de sa patience, pour que la relation amoureuse s'installe, mûrisse, s'ancre. Il faut du temps, et **cultiver une force mentale**, pour supporter les obstacles et parvenir à entrer dans le jardin bien enclos de ce mur qui protège la personne aimée, comme dans le *Roman de la Rose*. **Cette force à entretenir nous renvoie à nous-mêmes**, à nos blessures anciennes, à la façon dont on s'est senti aimé par sa famille, à la manière dont on s'est construit. Il arrive qu'elle fasse défaut, et que la naissance annoncée de l'amour ne débouche sur rien. Sans doute s'agissait-il d'autre chose que d'amour en marche. Ce n'est en tout cas que **cette force intérieure**, **portée par l'intuition du cœur, qui donne les**

moyens de se battre pour déjouer les pièges jetés sur la route par la personne convoitée. En fait, il s'agit d'éprouver l'autre, et de se protéger en faisant monter les murs de la résistance, pour tester l'authenticité du sentiment qui naît. Le théâtre de Marivaux et autre *Cosi fan tutte* de Mozart regorgent de situations où les personnes aimantes éprouvent l'être aimé, pour tester la solidité du lien qui naît. Au fond, il s'agit de savoir si l'on est vraiment aimé :

> J'ai senti très vite que quelque chose de fondamental m'arrivait. Entre inclination forte, trouble naissant et bouleversement émotionnel, j'ai freiné tant et plus, tant je sentais le moteur s'emballer contre toute attente. Je me suis senti si vite à sa merci. J'ai alors entretenu la confusion, attrapant sa main pour la lâcher et, l'instant suivant, lui parler d'autres femmes séduites des années durant. Ma future partenaire s'est montrée forte, courageuse, tout le temps, malgré la fragilité due aux sentiments qu'elle se risquait à vivre. Elle a montré un enthousiasme, un humour et une sérénité incroyables devant toutes mes petites régressions, marches du crabe, remarques rationnelles que je tentais de plaquer comme des remparts entre elle et moi. Enfin, je me suis abandonné. Nous nous sommes alors aimés.

Il faut donc tenir bon face à la stratégie qui consiste à rendre l'autre jaloux, sachant que la solidité de la confiance intérieure et de l'estime de soi est alors mise à l'épreuve. **Ne pas envahir l'autre, endurer quelque temps le silence, l'absence, laisser faire, donner du temps au désir** : ce sont des voies qui viennent confirmer ou infirmer s'il est bien question d'amour. Les signes en sont le fait de se sentir à sa place aux côtés de l'autre, le manque ressenti, la souffrance de l'absence, la pensée qui vous ramène toujours à l'autre. **Il faut laisser l'imagination faire son travail**, durant le temps de « cristallisation » dont Stendhal a si bien parlé dans *De l'amour*. Évidemment, **l'humour et l'art de surprendre l'autre** sont aussi des atouts, **si la réciprocité existe**. Passer à l'amour relève donc **d'un parcours du combattant**. Nous allons voir pourquoi, d'autant plus quand des vies d'adultes déjà (mal) construites s'effondrent devant le raz-de-marée d'un destin en marche.

Avoir rendez-vous avec son destin pour s'accomplir, malgré le passé

Temps du choix qui passe par la réciprocité émotionnelle

Cette naissance de l'émoi amoureux peut évoluer vers l'amour, **à condition qu'il soit partagé** : pour qu'il se développe, mûrisse, il ne doit pas être unilatéral ; **il ne faut pas confondre destin d'amour à partager,** énergie enthousiaste et solaire à vivre à deux, **et fixation d'un seul être pour une personne indifférente**, si le temps ne fait pas son œuvre pour abattre les résistances, les peurs d'aimer. Nous étudierons plus loin ces formes de relations amoureuses qui tournent court, vouées à l'échec, sans lendemain, et dont la littérature, la musique ou l'opéra nous livrent tous les douloureux secrets depuis des siècles.

Trop de dames dignes de romans romantiques et autres clones de Werther ont attendu le retour d'un fantôme d'amour, ressassant le passé, entraînés par la « pulsion de mort ». **Comme si, au fond, il s'agissait de se repaître d'une jouissance solitaire, sans prendre le risque de se donner enfin à quelqu'un, de s'éprouver vivant.** Les paroles de Patrick sont éclairantes :

Je me suis abîmé, des années durant, dans l'attente illusoire d'une relation qui n'a jamais eu lieu ; je m'illusionnais, dévoré par l'idée de l'amour plus que par la personne réelle, qui n'était qu'une forme d'idéal. J'avais peur de me mettre au travail pour transformer ma vie personnelle, j'étais insatisfait de la vie professionnelle que je menais, j'avais renoncé à moi-même, en partie, faisant des choix de conformité sociale qui ne me convenaient pas.

On songe au rêve de la Béatrice de Dante, inconsolable, fixée pour la vie à une vision fugitive, qui deviendra le terreau de l'écriture poétique. **Rester tourné vers le passé non dépassé, le ressasser sans le digérer, se refuser à l'évidence qu'on n'est pas aimé en retour : cela relève du fantasme, au sens de « vision » qui protège de la réalité** ; les causes en sont l'insatisfaction personnelle d'une vie en rade, ou la fixation à un personnage familial, mère ou père qui n'aura pas apporté la tendresse, la sécurité affective durant l'enfance, ou encore qui ne se sera pas effacé, trop possessif, « incestuel » latent. **Enquêter sur soi, dans un travail thérapeutique, ou encore sublimer par la création** (poésie, théâtre, musique), travailler sur les émotions, le ressenti : cela permettra de décrocher de cette fixation mélancolique sur laquelle nous reviendrons.

Assumer un choix inévitable, parfois digne d'un héros tragique

Pour que l'émoi réciproque qui a surgi se transforme en relation amoureuse, il faut être prêt à assumer d'avoir à dire au revoir, **en transformant ce qui liait au passé.** En effet, l'adolescent va se mettre à distance, au moment du réveil hormonal, de son père, de sa mère, pour marcher vers quelqu'un d'autre. Dans ce cas, **ce sont les parents qui, s'ils sont à la bonne place, car accomplis personnellement et dans leur couple, devront accompagner cette jeune personne vers la porte de son avenir amoureux, car elle est devenue capable d'aimer ailleurs**. S'ils ont vécu à travers leurs enfants, la culpabilité risque de gâcher les chances d'entrer en amour et de construire une mélodie à deux. Tout autrement tragique est l'histoire d'un homme et d'une femme mal engagés dans une histoire de couple en fin de cycle. Nous étudierons quelques cas de ces assemblages non vraiment reliés, mais bricolés sur des fondations non authentiques. Lorsqu'une autre cadence s'impose, celle de la vibration amoureuse, vague essentielle qui emporte vers l'amour, élan cosmique, on ne fait alors pas l'économie du dilemme, douloureux, d'avoir à faire mal à un époux, une épouse, des enfants. Il faut alors, avec l'intelligence du cœur, préserver les liens parentaux et rester humain avec le partenaire délaissé, en l'accompagnant avec bonté et humanité. Tel un personnage tombé d'une tragédie de Racine, **l'homme amoureux découvre le conflit,** malgré la violence irrésistible de marcher vers son destin d'amour, auquel le mûrissement de son être a donné accès. La culpabilité ronge, mais renoncer à aménager un territoire possible reviendrait à condamner les siens à devenir les éponges d'un mal de vivre qui transpirerait inévitablement. Des adolescents construits affectivement souffrent moins, même si la séparation ne les laisse pas indemnes, de voir leurs parents heureux, chacun de leur côté, en tant qu'homme et femme, **à partir du moment où ils ont su conserver et entretenir le lien parental.** Il faut pour cela que le partenaire quitté en ait les moyens psychiques et l'intelligence du cœur, ou bien engage un travail thérapeutique pour y parvenir. **L'aménagement du territoire, le dilemme entre le cœur et la raison, reviennent au fond à laisser faire la vie**, à lâcher prise, pour ne pas mourir à soi, et donc ne pas tuer psychiquement des enfants ; ceux-ci ne pourront accéder au désir, nous rappelle d'ailleurs Freud, qu'à condition que leur mère désirante désigne un partenaire pour un destin d'amour à vivre, comme un formidable élan de vie. Y a-t-il alors d'autres choix que de répondre à l'appel de l'amour authentique, qui engage tout l'être profond, malgré tout, **en accompagnant la douleur des personnes qui font partie d'un passé affectif dépassé**, parce que construit sur des bases bancales ? Trahir ce que l'on devient, c'est trahir la vie, les autres, le destin même, s'il s'agit de cet amour cosmique, divin, dont parle Rilke, comme étant l'aboutissement auquel tous les travaux d'une vie nous ont préparés.

Temps 2. *Vous êtes amoureux : loué jusqu'au mois d'août,* **façon Rimbaud, ou pour longtemps : à vos marques, pour reconnaître si oui, ou non…**

Surgissement de l'inexplicable…

Une prise de conscience émotionnelle si intense…

Quand l'émoi amoureux, malgré les conflits intérieurs, se confirme quant à la réciprocité de l'inclination, l'être est alors placé face à **ce *quelque chose* d'inexplicable** que vit l'amoureux. Ce serait cette force indéfinissable, à laquelle il n'y aurait rien à comprendre. Elle est là. Elle s'impose, c'est tout. Elle est partout en soi, elle irradie le cœur, le corps, le cerveau, appel ample, voluptueux, irrésistible. **Il en aura fallu du temps pour apprendre qu'il n'y avait rien à comprendre, sinon à sentir, à être, à éprouver**. La flèche de Cupidon est plantée plein cœur, plein cerveau, chimie oblige, le choc est violent, frontal, le charivari émotionnel est sans nom. Il s'éprouve de l'intérieur, profondément, révolutionne l'être tout entier. C'est tout. Parfois, il est différé, l'autre y parvient par étapes successives. Et c'est tout simple, même si les résistances s'en mêlent pour repousser ce flux puissant de la marée montante de l'amour qui impose sa loi. Essayons d'en offrir quelques rumeurs… oui ou non, êtes-vous amoureux ?

Juste un petit rien qui nous émeut

Ah ! **Ce tout petit rien, si insignifiant**, **mais qui fait tout basculer**, trembler, et monter la température du cœur et du corps. C'est juste une façon de tenir une cigarette, une intonation particulière de voix qui caresse l'oreille, ou encore un sourire, une bouche qui s'offre comme une bouchée gourmande pour un baiser qui relierait, enfin... Roland Barthes, dans ses *Fragments d'un discours amoureux*, a bien évoqué comment « nous aimons d'abord un tableau », que nous composons à la mesure de nos émotions anciennes, liées à l'enfance, aux sensations archaïques. Ce geste de la main, si banal pour un autre, ce regard lourd d'un parfum boisé qui se retire vite, cette façon d'incliner la tête, cette nuque qui appelle la main pour une caresse : ce sont ces petits riens qui font flamber la vie, qui irradient de leur lumière solaire, à l'intérieur :

> Je l'ai juste regardé, puis je l'ai vu, immobile devant l'océan. J'ai vu ses épaules larges, cette nuque inclinée, ce profil d'où se dégageaient des lèvres larges, émouvantes de n'être pas parfaites. Ce fut comme une sidération. Cela s'est mis à vibrer en moi, comme la musique qui fait monter à la tête l'ivresse, l'extase entrevue de corps qui s'emboîteraient.

Les paroles d'Esther sont une belle illustration de ce que l'amoureux ressent : **il est donc d'abord frappé par une image, un parfum, une mélodie faisant entrer en vibration**. Cela vient surprendre, arracher au quotidien, contre toute attente, parfois cela surgit plus tard pour l'autre, tant il se trouve irradié par la puissance du désir du partenaire embarqué dans le « bateau ivre » de l'amour qui bat. **Cultiver l'ouverture aux sens, la disponibilité sensorielle, en se mettant à l'écoute de l'irrationnel, pour laisser faire** : ce sera la brèche où ce grand vent s'engouffrera, donc, pour gonfler les voiles.

Un inouï tremblement de terre sensoriel, inattendu

Vous êtes amoureux, c'est entendu : **cela ressemble à une terre qui s'ouvre en deux**, et l'on ne retrouve plus ses marques, comme égaré, stupéfié. C'est immédiat, ou bien cela se diffuse, monte lentement en soi, entre par vagues dans le corps, **exacerbe les sens, la vue, l'odorat, l'ouïe, le toucher**. Quelque chose se dilate, c'est de l'ordre d'un vertigineux désordre des sens. Plutarque nous rappelle, dans *Erotikos, ou le Dialogue sur l'amour*, que « c'est l'amour [qui est] l'auteur de ces désordres » des sens. « Quand l'enthousiasme amoureux s'empare d'un cœur et l'embrase, aucune Muse, aucune incantation ne peuvent plus le calmer. Aucune dérobade ne lui est plus permise.

Dès que « l'Autre » est là, il le désire, dès que l'Autre est absent, il souffre et se désole. » Appel, donc, qui vient du tréfonds, où le corps, le cœur, tous les sens organisent le grand désordre de la vie, soudain si différente. **État de grâce**, qui fait de l'amoureux un être qui marche la tête reliée aux étoiles, et le corps bien ancré dans la terre. À la juste place. À l'exacte place du « désir qui va pieds nus », nous rappelle Platon dans *Le Banquet*. **Sentir cette ivresse qui envahit, sans le vin de Bacchus, est donc un signe qui ne trompe pas**. Question – mais pas seulement – d'ocytocine, qui incendie le cerveau deux à trois ans durant, nous assurent les scientifiques purs et durs… Reprenons les paroles de Lucy Vincent, docteur en neurosciences, dans *Petits arrangements avec l'amour* : « Les deux hormones, l'ocytocine et la vasopressine, qui jouent un rôle important dans l'installation des liens, ont des effets bien démontrés sur les différentes parties du cerveau qui participent aux réactions émotionnelles. »

Des stigmates et des délices de l'amoureux au quotidien…

Qu'est-ce qui attend donc l'amoureux, l'amoureuse, au menu de la « carte du Tendre » ? En accéléré, une belle série de symptômes qui signent bel et bien l'état amoureux, même s'ils peuvent se mettre en place dans la **fulgurance d'un charivari émotionnel, ou bien s'installer plus progressivement.** Au programme, donc, de **fameuses insomnies**, où cela travaille, où les nuits seraient plus blanches que les jours, pourrait-on dire pour plagier Racine, tragédien qui n'a pas pris une ride. **L'appétit quant à lui fait des caprices**, il se met au ralenti, le ventre se serre**, il y a comme une faim âpre d'autre chose, une attente d'ivresse des sens avides d'une nourriture sensuelle, extatique,** que seuls la présence, les mains, la bouche, le sexe de l'autre sauraient satisfaire. Mais encore ? Oh ! Palpitations, palpitations, mon amour, chamade à la Sagan, cela bat fort et brut, dans le cœur à vif qui voit soudain la vie, ce grand animal, fougueux et irrésistible, s'engouffrer en lui. Marie se souvient de cet état d'alerte, **de son corps, immense cœur aux antennes ouvertes** :

> Cela cognait fort, cela cognait dur, avec des accélérations comme on en ferait sur une piste d'athlétisme, quand j'entendais le téléphone sonner, quand je me hâtais de le rejoindre, en avance sur l'heure donnée, à l'occasion de nos premiers rendez-vous.

Autrement dit, « l'amour, c'est vous mettre en joug, bang, bang, bang », chante Claude Nougaro… Et puis, assurent les scientifiques, il y a, sous le feu de la chimie qui transforme le cerveau, ces pensées pour l'Autre, si présent dans son absence, qui virent à la **délicieuse, douloureuse et intime obsession** d'un film à la Visconti. L'élu vous accompagne partout, vous l'abritez dans la caverne de votre intimité profonde, dans une douce ivresse légère ; **c'est l'envie affolée** du baiser : « Donne-moi encore ta bouche qu'on déguste, l'eau-de-vie, de prune, de poire, dans la toile étoilée de l'auguste Renoir », fredonne encore le chanteur de la Ville rose. C'est comme si l'élu habitait tout l'être, l'irradiait, au plus profond. **Au fond, tout est simple : vous êtes bien, libre, près de lui, ou d'elle, vous y pensez en son absence, vous êtes dans l'attente inquiète, impatient comme un cheval qui piaffe**. Oui, vous êtes bel et bien *tombé* amoureux, c'est une chute radicale, décisive. Un choc.

Un appel, un élan de l'être pour se projeter à deux

Cet être soudain accueilli en soi est donc ressenti comme irremplaçable, il **devient « l'unique objet » de mon sentiment…** « Il est irremplaçable », dit une petite voix, la petite musique du cœur, à l'intérieur : cela a tout

Entre naissance de l'état amoureux et amour plein et entier, il y a un monde… ”

d'un appel viscéral, puissant comme une vague : « Que serais-je sans toi, qui vins à ma rencontre, / Que serais-je sans toi, qu'un cœur au bois dormant... » a écrit Aragon, chanté par Ferrat. **Cet état amoureux, s'il est élan partagé que l'autre accueille, accepte, immédiatement en ou différé, suppose de regarder à deux un vécu possible pour aujourd'hui, demain,** quelle que soit la durée de cet avenir investi sur le mode, non plus du *Je*, mais d'un *Nous* à construire comme une maison pour deux.

Passé le temps de l'idéalisation...

Il faut réaliser que cette projection à deux vers un avenir à vivre suppose d'avoir cessé d'idéaliser l'autre : durant les premières semaines, l'être paraît doué de toutes les qualités ; les sens chavirés, l'état de choc, le vertige infini dopé par la chimie qui fait son œuvre dans notre cerveau, enlèvent en partie le discernement. C'est le premier temps de la cristallisation, dont parle Stendhal dans *De l'amour*. **L'état amoureux qui se transforme en projet à deux suppose d'accepter l'autre, brut de décoffrage, dans la totalité de son être, avec ses imperfections et ses qualités**, qui seront à la fois semblables aux nôtres, mais aussi complémentaires. Des études scientifiques ont révélé que les couples – mot qui renvoie au lien qui relie –, au fond, sont similaires, même si chacun apporte sa différence, ce qui crée la complémentarité :

> J'ai senti très vite, après les premiers temps du vertige émotionnel qui vous laisse obsédée des heures entières, comme dans un songe éveillé, que je l'aimerais tel quel, que je le prendrais avec toute son émouvante

complexité, ses contradictions, son sale caractère, sa façon de se donner et de se reprendre, pour s'enfermer dans sa tour romantique, ses passions qui me dépassent. Nous avions un dénominateur commun, un même état d'esprit, des envies mutuelles, et nous allions pouvoir nous emboîter, faire deux.

Vivre un état de transformation radicale, du côté de l'élan vital

Être amoureux, dans la réciprocité, ce serait, si l'on en croit les Anciens, retrouver une force de vitalité inouïe, qui vous pousse du côté de « la joie de vivre » dont parle Plutarque dans le *Dialogue sur l'Amour*. **Cela passe par un sentiment de libération intérieure**. Loin des images romantiques d'une littérature du désespoir sur laquelle nous reviendrons**, acceptons que la rencontre amoureuse qui regarde vers l'avenir est un grand boom d'énergie qui surgit :** elle pousse à se donner à la vie, à aller au-delà de soi-même. C'est une promesse de vitalité, une allégresse qui reverdit comme un printemps tendre, même si – nous le rappellent les scientifiques – elle part de l'instinct d'avoir à donner la vie, dans le cadre de la reproduction. On sait aussi que le « temps des cerises » peut exister autrement, **dans un autre cycle, dans un été mûr, voire un automne solaire du sentiment, lorsque l'on est prêt à ce que la vie s'ouvre enfin à soi, pour s'abandonner :** simplement parce nous rencontrons, après des décennies qui nous ont mûris, l'être pour lequel nous étions en quelque sorte programmés. Il concentre alors à lui seul toutes les histoires antérieures qui nous ont construits, pour parvenir enfin au port. C'est **une énergie cosmique et non mortifère, tournée vers l'avenir**. Le deuxième couple serait parfois plus accompli que le premier, du moins quand les partenaires sont venus chercher autre chose dans le premier : **nous verrons que le passé affectif familial sur lequel on s'est construit, matrice de l'amour à venir, peut engager à rechercher des béquilles pour se réparer**. Aimer l'autre, ce serait d'abord se délivrer des chaînes d'un passé familial qui a blessé, **en travaillant sur soi-même, sur son propre passé** : développer sa créativité, mais aussi toutes les disciplines qui engagent à développer l'intuition – sophrologie, yoga, travail sur l'énergie vitale, écriture d'un journal intime. Engager une thérapie est précieux **quand les douleurs anciennes empêchent la transformation pour passer à autre chose, à l'amour**. À ce sentiment qui donne sens à la vie, la célèbre par une vraie transfiguration.

L'autre, cette urgence douloureuse d'une intime évidence

Et pourtant, cet état d'amoureux qui se confirme n'est pas exempt d'inquiétude sourde, d'attente, qui lacèrent l'âme, le cœur et le ventre, même s'il ne s'agit pas d'un amour passion, d'une « brillante étoile » à la John Keats, histoire impossible à laquelle on s'accroche de façon mortifère. **Les commencements de la relation amoureuse dont le destin pourrait être la plénitude connaissent aussi leurs vertigineux rebondissements :** ils fracassent, font marcher sur le fil d'une attente dévorée d'un espoir haletant, et d'une angoisse indicible :

cela arrache des bras de Morphée, hante, met dans un état second, comme ivre… Car l'amour, c'est terrifiant, délicieusement effrayant. « Mais pourquoi ne me dites-vous pas que vous m'aimez », pourrait-on dire à la façon de Roland Barthes dans *Fragments d'un discours amoureux*. Telle est l'attente de l'amoureux. C'est encore renforcé quand l'être élu a besoin de temps pour sentir, s'abandonner, se donner, notamment s'il faut dire au revoir à une ancienne vie dont il faudra savoir intégrer les forces vives que sont des enfants. **La relation amoureuse authentique, c'est peut-être la grande peur d'une vie**, d'un destin dont on sait qu'il vous emmène, qu'il va falloir s'y donner, s'y abandonner, sans pourtant s'y perdre **: l'amour ne menace pas**, il nous donne toute notre dimension humaine, il nous relie à l'univers qui fait enfin sens, même s'il n'est pas toute la vie.

Un état de manque, comme un stupéfiant du cœur…

On songe à la langueur des héroïnes de certains romans de Marguerite Duras, ou encore des Mme de Rénal (*Le Rouge et le Noir*, de Stendhal) et Camille Claudel, se consumant dans l'urgence de l'autre, cette nourriture de l'émotion, des sens, de l'être. Ces cas-là relèvent de l'amour passion, sur lequel nous reviendrons. **Soulignons que dans une histoire d'amour susceptible de se construire de façon mature dans cet élan de vie inconditionnel, cet état d'urgence,** « affolement de la boussole intérieure » dont parle Proust, existe également. Il suffit que l'Autre, cet unique, se fasse attendre, soit à distance de soi, pour que se réveille **cette torture**

intérieure qui se dilate dans toutes les cellules du corps et du cœur. Tant il est difficile de maîtriser l'envie qui pousserait à se mettre en contact avec l'autre, à n'importe quel prix. Ocytocine, fantasme, raison du cœur mêlés, déboulent, rendent prêt à tout : partir, laisser en plan la vie ordinaire, pour courir, à bout de souffle, le cœur tendu comme un arc, vers ce « couvercle » qu'est ce destin d'amour. Lucy Vincent, docteur en neurosciences, dans *Comment devient-on amoureux*, nous explique qu'une « baisse de la sérotonine cérébrale pourrait donc contribuer à rendre compte de l'aspect obsessionnel dans l'état amoureux ». La chimie joue donc son rôle, même si elle n'explique pas tout… **C'est en tout cas la grande épreuve d'une vie** d'adulte enfin prêt pour aimer inconditionnellement, après le temps des essais : il faut savoir laisser le temps faire son œuvre, **pour que la pulsion fauve se transforme en désir**, lentement, alors que chaque minute de silence est une brûlure vive pour la peau de l'amoureux. « Le désir, c'est le manque », disait Lacan. **Accepter cette épreuve de l'attente, donc, sans faillir, en apprenant à différer, pour grandir, construire un amour adulte, un** « bonheur de la vie «régulière» à deux », *dixit* Lucy Vincent, même si « on observe, après un certain nombre de rencontres, un tassement de l'effet » dû à la « plus faible décharge de dopamine […], la dose d'endorphines » s'amenuisant.

" Je savais enfin que cet homme-là était ma moitié, que j'allais vers l'unité perdue. J'avais eu cette **intuition du cœur**, lentement découverte et si bouleversante, sans précédent, que mon destin de femme, c'était de vivre avec lui. Il y a eu ce temps d'urgence de lui, d'espoir

> qui gonfle le cœur comme une voile, mais qui supposait l'attente, et donc le manque aux griffes acérées, à dompter comme un tigre. J'aurais donné n'importe quoi pour entendre sa voix au bout du téléphone, je cherchais à retrouver son odeur dans un parfum que j'avais acheté parce qu'il le portait…

Les mots de Géraldine évoquent la force de ce moment où l'autre devient **ce stupéfiant du cœur** dont le manque met au bord de l'abîme, la tête incendiée, dans la souffrance vive. **C'est la capacité à « laisser du temps au temps », à maîtriser l'urgence, qui signe l'authenticité du sentiment profond, la maturité psychique.** Sinon, il s'agit d'une attraction passagère qui souvent fait caisse de résonance par rapport à des manques affectifs de l'enfance qui se rejouent à travers une personne.

Insupportable morsure de l'absence et du silence

Oui, entrer **en amour c'est redevenir vivant, prendre le risque de perdre, et apprendre à endurer l'absence.** Ce temps surgit après le grand choc de la révélation, des regards qui se sont croisés, reconnus, d'odeurs de peau réveillant un paradis sensoriel ancien : il est souvent empreint des marqueurs familiaux. Dès lors, être loin de l'élu, de cet être dont le seul visage répond à l'appel de la vie, **fait souffrir**. **C'est le prix à payer avant la construction**. « Il n'y a pas d'amour heureux », disait Aragon. La formule est belle, mais rectifions-la : ce temps de la souffrance d'amour, du doute, de la conscience aiguë que l'éloignement écorche, est un passage nécessaire avant la construction d'un couple. **Avant que s'accomplisse l'amour en acte,** dans un pacte pour un « désir d'avenir », **nous apprenons par l'absence, le silence**

du bien-aimé du Cantique des Cantiques, qu'il est indispensable à notre existence : nous ne saurions plus nous en passer. Nous apprenons, dans ce temps blanc, ce temps mort préparant le « temps des lilas et de la rose offerte » *d*e Barbara, que rien ne sera plus comme avant. L'amour nous porte, nous emporte, nous lacère, et nous voudrions dire, comme dans le texte *Amers*, de Saint-John Perse : « Ah ! Ne me soyez pas un maître dur par le silence et par l'absence. [...] j'ai crainte, et l'inquiétude habite sous mon sein. Parfois, le cœur de l'homme au loin s'égare, et sous l'arc de son œil il y a, comme aux grandes arches solitaires, ce très grand pan de Mer aux portes du désert. » Et pourtant, la patience a des vertus, pour que l'autre accueille en lui cet amour-là, qui peut faire peur si les vies sont déjà (mal) engagées ailleurs, ou si la relation familiale de l'enfance est restée trop forte, ou pas à la bonne place. **Être présent par l'humour, la joie d'être, la simplicité, sans envahir l'autre, lui laisser du temps. Rappelons cependant qu'il faut être deux, pour qu'une histoire d'amour s'enclenche.**

Flèche du désir érotique, langueur, ô langueur...

Être amoureux, on l'aura compris, repose sur **une forte attirance érotique réciproque, fondation** sur laquelle reposeront, après les deux ou trois ans d'affolement sensoriel et sexuel, les années futures du couple à remettre en travail. Évidemment, dire qu'Éros, « c'est une question d'hormone », c'est regarder l'amour avec un bistouri à la main. Il faut accepter l'idée que nos charmantes petites

« particules élémentaires » connaissent une tension à satisfaire, la fameuse « libido » freudienne, qui nous fait perdre le sens des choses, dans un vertigineux appel des sens nous poussant irrésistiblement à nous unir sexuellement. **Aimer va au-delà de la simple attraction sexuelle,** qui fait d'un être un objet momentanément convoité, de façon pulsionnelle, comme on consommerait un gâteau aperçu derrière une devanture de pâtisserie. Nous distinguerons plus tard quelques facettes de ce mot fourre-tout, « l'amour ». Dans le « grand amour » accompli, c'est un don réciproque de soi à l'autre, où Vénus et Éros se donnent la main : ils engagent à exprimer **l'indicible émotion du cœur, qui va de pair avec l'animalité qui se réveille en soi**, dans un abandon de tout l'être profond. « Mes dents sont pures sous ta langue. Tu pèses sur mon cœur et gouvernes mes membres. Maître du lit, ô mon amour, comme le Maître du navire. [...] Et c'est une autre, en moi, qui geint avec le gréement... », évoque Saint-John Perse dans *Amers*... Oui, le désir bouscule tout sur son passage, il est intense et humble, libre comme un oiseau. **Il est pure vibration partagée, résonance**. Reste à faire durer, après les trois années d'attraction vertigineuse, ce désir que la réalité quotidienne met souvent à mal. **Le couple devra y travailler, en restant vivant individuellement, et en se projetant à deux dans des projets pour réinventer le couple**, à la John Lennon...

Temps 3. Reconnaître l'amour inconditionnel, ou état de grâce : le couple vibratoire

Se relier par l'amour, ce serait avoir grandi psychiquement

Une histoire d'amour mature serait peut-être l'accomplissement d'un chemin de vie qui nous aurait préparés à cette exigeante aventure à remettre tous les jours sur le métier… Autrement dit, la rencontre de la personne avec laquelle s'emboîter serait l'aboutissement d'un travail de maturation psychique : « S'aimer, d'être humain à être humain : voilà peut-être la tâche la plus difficile qui nous soit imposée, l'extrême, la suprême épreuve et preuve, le travail en vue duquel tout autre travail n'est que préparation », nous rappelle Rilke, avec une lucidité lumineuse, dans ses *Lettres à un jeune poète.* C'est donc une forme d'ordre intérieur qui se construit, de **vie qui se cale**, **les pieds ancrés, et la tête orientée vers le ciel,** avec un cœur vivant. « Elle fut longue la route… », chante Barbara dans *Ma plus belle histoire d'amour.* « C'est lui partout où je vais, je l'aime… Quelque chose m'est arrivé […] Je n'avais rien connu avant de l'avoir connu », entonne-t-elle ailleurs. L'amour réciproque, qui engage au plus profond de l'être, quasi cosmique, **pacte à renouveler, serait l'été mûr de tous nos apprentissages de vie.** Prendre conscience que **nos actes**

d'ouverture, de don de nous-mêmes dans la vie, nous y engagent, est précieux.

Quelle langue d'amour, dans la famille ?

Être prêt à vivre « l'amour inconditionnel » revient à avoir pris conscience de la manière dont les parents ont pu aider à se détacher progressivement de l'arbre nourricier. **Un jour, s'ils sont restés des hommes et des femmes accomplis et heureux en dehors de leur rôle de parents, ils laissent une main étrangère venir cueillir le fruit mûr qu'est leur adolescent parvenu à l'état d'homme**. Si le couple parental a été malade, l'errance et la difficulté à s'engager amoureusement et à faire durer une relation guettent :

> J'ai réalisé très tard qu'il m'a fallu faire évoluer en moi ce qui m'avait détourné de mon destin d'amour dès l'enfance : le sentiment d'avoir été mal aimé, et donc un manque de confiance et d'estime. J'ai mis des années, en passant par des relations amoureuses qui m'ont réparé – de père en père, d'engouement érotique sans lendemain –, à panser mes plaies. Un travail thérapeutique m'a permis de régler mes comptes avec mon passé, de me déculpabiliser, d'oser aimer quelqu'un, enfin, en étant libéré du poids des angoisses de ma famille.

Les paroles de Jean-Pierre sont éclairantes. On comprend **toute l'importance de notre vie d'enfant**, comme l'a montré Mélanie Klein, dans cet apprentissage qu'est la langue amoureuse de l'âge adulte.

Se réparer parfois, pour apprendre à parler l'amour

Se réparer, donc, pour pouvoir cerner son « désir singulier », au sens de Lacan, ne plus être aveuglé par son passé, ses blessures affectives enfouies, **être en projet pour soi (travail, étude, loisir, créativité)** ; faire le point auprès d'un psychothérapeute, ou encore se relier par la musique, le travail sur le corps, pour faire surgir des émotions négatives, s'autoriser à élaborer des deuils, puis renaître comme le Phénix de ses cendres : autant de nécessités pour, un jour, rencontrer ce fameux « grand amour », élan de vie solaire qui fait sens. Il se rencontre à tout âge, quand on y est prêt, quand on est mûr pour se donner, librement, sans se sentir menacé. Apprendre à **savoir qui on est, d'abord, à nommer ses blessures, à les cicatriser. S'être construit, soi-même, ensuite**. Ce qui était comme enfoui, en attente, surgit alors au bon moment, au bon endroit, avec la personne à la taille de son cœur. Et l'on s'y risque, parce que c'est le seul choix pour célébrer la vie vivante. « J'ai refermé sur toi mes bras / Et tant je t'aime que j'en tremble / Aussi longtemps que tu voudras / Nous dormirons ensemble », écrit le poète Aragon. Il reste, passé les trois premières années où **la chimie met le cerveau des amoureux sous influence, à faire perdurer cet « état de grâce »,** au milieu de ce grand vrac qu'est la vie quotidienne, professionnelle, familiale. **Résister au rouleau compresseur suppose d'avoir construit la maison qu'est un couple sur des fondations solides**. Il faut aussi **avoir suffisamment de liberté intérieure, avoir appris à penser par soi-même,** comme nous l'ont enseigné les philosophes sceptiques : savoir remettre à leur place les modes, les tendances, les discours ambiants qui disent que l'amour ne dure pas. Certes, le divorce, demandé souvent par les femmes, est une réalité : encore faut-il être certain qu'il **repose sur une histoire d'individus parvenus à la fin d'un cycle de mûrissement**, et que le changement de partenaire ne soit pas un leurre : les difficultés liées au passé ancien de l'enfance pourraient ressurgir.

Le « grand amour » : une communion, le miracle des noces de Cana

Une fois ce parcours d'apprentissage de soi effectué, tôt ou tard, dans la famille ou par l'expérimentation, la rencontre de personnes extérieures nous engageant dans la *résilience* chère à Cyrulnik, nous pouvons opérer un bouleversement émotionnel profond : c'est l'accès aux émotions, aux sentiments, au désir, qui signe, si elle est réciproque, cette entrée dans le temple sacré de l'amour authentique. C'est une **véritable eucharistie**, partage du pain et du vin de la vie, pêche miraculeuse des poissons remplissant le filet jusqu'à le faire craquer : **soudain, le miracle de vie s'opère, l'eau est transformée en vin, par la seule force de notre désir d'aimer, de nous unir de façon cosmique à l'élu :**

> Ce fut un choc que de sentir soudain que c'était bien lui, son visage, tout son être, ses splendeurs et ses misères auxquelles j'allais pouvoir **m'abandonner** pour un échange fécond, un projet d'avenir. Je lui avais déclaré qu'il était l'homme de ma vie, comme dans une illumination, et ce fut comme une irradiation, qui s'est développée, a rempli nos êtres tout entiers, emportés

vers leur destin à accomplir. **Nous avons juste laissé faire la vie. Cette énergie du désir et du sentiment** nous a donné celle de faire durer cet engagement, en résistant aux pressions de la vie ordinaire qui broie. Notre amour était gorgé de lumière.

Ce témoignage d'Anne se passe de commentaire. Il arrive que les vendanges soient tardives, et **qu'une personne soit le détonateur de cette mise en vie de l'amour** du Cantique des Cantiques. Avoir trouvé sa moitié d'âme, de cœur, et de corps, cette unité perdue dont parle Platon dans *Le Banquet*. Être soi, tout en **étant habité par l'autre**, **qui vous donne toute votre dimension, vous dilate comme si s'élargissait une galaxie**, vous donne l'énergie d'inventer une vie pour soi, pour l'autre, pour l'accueil des autres, famille, projet, enfant, créativité. Le grand amour, ce serait être traversé, comme le disent les taoïstes, par cette énergie de vie qui s'échange d'un cœur à l'autre. Avoir pris place à la grande Cène de la vie, du don de soi, pour le partage de l'*agapê,* de l'amour.

Être passé du besoin au désir, pour des « élans d'avenir » à deux

L'amour authentique et réciproque, qui dure, suppose d'être passé de la pulsion au désir. Il est élan contrôlé, maîtrise de l'urgence, et donc de la pulsion pour un être non réduit à un objet, dont on aurait l'envie immédiate. Ce travail relève souvent, l'avons-nous souligné, de l'apprentissage de la limitation, qui se joue durant l'enfance. Après avoir été *« His Majesty the baby »* que les parents reconnaissent, en lui disant qu'il est aimable et beau, vient le moment du sevrage : l'enfant apprend qu'il ne pourra pas être comblé, qu'il n'aura pas tout, et doit donc faire l'apprentissage de la frustration. Il apprend la vie, c'est-à-dire la limite qui lui donnera la possibilité de ne plus agir dans sa vie de façon pulsionnelle, mais de se mettre à désirer. Cela passe par **l'épreuve que constituent l'attente, le doute, la difficulté, la patience pour construire sa maison d'amour**. Ce « grand amour » repose sur cette faculté-là : le « grand réservoir de la libido » dont parle Freud dans ses *Essais de psychanalyse*, de la pulsion animale se transforme en désir d'un être qui engage avec les émotions, les sentiments, l'être profond, la sexualité ; **tout vibre alors et fait entrer l'autre en vibration. L'amour sensuel, animal, du cœur et de l'âme, s'embarque sur le grand vaisseau de la vie affective**. Ce don réciproque de soi, évident, plein et entier, débouche sur l'épanouissement du couple et des individus qui le composent **: aimer n'est pas renoncer à soi, mais laisser aussi l'autre exister en dehors de cette intersection qu'est le couple, dans une confiance mutuelle où ni la peur ni l'angoisse n'ont leur place.** Célébrer l'amour au grand banquet de la vie, tout en restant soi, pour être deux.

LA RELATION AMOUREUSE, ENTRE FANTASME ET RÉALITÉ

Vigilance oblige : l'amour, grand mot fourre-tout, pour des visages trompeurs...

Expérimenter la sensualité : l'« empire des sens » explorateur

La relation amoureuse, avant de s'accomplir de façon plus mature, peut passer par un temps « d'expérimentation du terrain », entre **recherche de sa propre jouissance sensorielle et découverte de la sensualité en forme d'initiation**. Ce passage, pourrait-on dire, n'a pas d'âge. Il est fonction de l'histoire de vie de chacun, et peut s'accomplir tard.

Expérience de jeune éphèbe ou de « jeune fille en fleur »

Évidemment, l'adolescent, s'il a pu se retirer de la fameuse tendresse familiale dont parle Freud, enquête sur lui-même, en prenant appui sur le corps de l'autre, pour faire l'apprentissage de ce qui lui fait plaisir ; il tente d'apprivoiser le *ça* freudien, réservoir des pulsions, après le temps de latence. **Il va se familiariser avec ses zones érogènes, pour aller vers le plaisir.** Temps de tâtonnements, d'essais, de sensations intimes, de flirts poussés, qui jouent avec l'ouverture au désir, comme un jeune animal se roulerait sur une terre chaude, au printemps, pour ressentir les caresses naissantes du soleil.

Voici venu le temps du désir qui palpite, se projette sans lendemain, pour apprendre à ressentir, se laisser aller. Le partenaire, dans ce cas, est ce « corps-espace » initiatique ouvert sur la découverte sensorielle, sans qu'il soit forcément question d'état amoureux et de projet d'avenir, ou d'engagement du cœur.

Fin de cycle d'adulte, en quête de ressenti

Cette **aventure en terre de sensualité peut être vécue à d'autres âges de la vie**, bien après la construction d'un couple, d'une famille, d'un foyer. À certains âges, en période de fin de cycle, de bilan, trente ans, quarante ans, cinquante ans, et au-delà – les traitements hormonaux repoussant les limites, chez la femme –, il arrive qu'un homme, une femme, soient prêts à s'abandonner, à entrer en vibration, à être dans la sensation : ils sont prêts pour le plaisir. Pensons au roman de Zola, *La Faute de l'abbé Mouret,* où le personnage découvre sa propre sensualité refoulée grâce au corps de la jeune Albine : « Elle sentait le grand air, l'herbe, la terre [...]. Il était pris dans son rire, comme une onde sonore qui résonnait partout contre sa chair ; il la respirait, il l'entendait vibrer en lui. Oui, tout son mal venait de ce rire qu'il avait bu. » De même, des êtres qui n'auront pu se réaliser érotiquement dans **un couple dont la fonction aura été de réparer des blessures affectives liées à l'enfance** pourront avoir mûri plus tard, et se mettre enfin à l'écoute de leur corps :

> J'ai découvert l'amour sensuel à quarante ans, après vingt ans de vie de couple, et trois enfants qui avaient

grandi. Mon mari m'avait connue très jeune, et je me suis retrouvée les deux pieds jetés dans le mariage, sans aucune expérience antérieure. Je ne savais pas ce qui me faisait plaisir. J'ai donc erré, sensuellement, vécu des expériences sensorielles sans lendemain, qui ont construit ma féminité ; plus tard, j'ai enfin rencontré celui avec lequel j'allais pouvoir m'emboîter, émotionnellement, de corps et de cœur.

Ce témoignage d'Irène évoque une trajectoire de vie : **le premier couple est vécu comme une béquille**, l'époux est un père réparateur, qui fait grandir et soigne les manques affectifs de l'enfance : il est un passeur vers autre chose. **Il ne faut donc pas se culpabiliser si ce temps de l'errance sensuelle surgit : s'autoriser à lâcher prise, à accueillir son ressenti, son plaisir. Des disciplines comme le yoga, la sophrologie, les massages psychothérapeutiques peuvent y aider, la musique, vibration essentielle, également.** Si l'errance dure trop longtemps, il faut néanmoins chercher à comprendre ce qui se joue : il ne s'agit pas de rester fidèle, inconsciemment, à un père – ou une mère – trop possessif, empêchant de se lier à un autre, émotionnellement et amoureusement.

Un aller simple pour un voyage pulsionnel érotique trash

La course affolée dans la jungle des pulsions…

Qu'est-ce qui fait courir des hommes, des femmes, un temps de vie – parfois davantage –, la fièvre dans le sang quand montent les voiles de la nuit ? Il y a comme un appel fauve, viscéral, qui met toutes antennes en alerte, le corps incendié de l'intérieur, le sexe en feu ; cela jette sur les routes d'une jungle érotique **où le besoin sexuel, brut de décoffrage, est roi**. C'est le **règne de la pulsion qui décoiffe, sans affects, sans émotion, sans amour.** Tels des tigres qui chassent, des êtres vagabondent dans les lieux interlopes où seule l'envie de la « décharge » fait rage, sans habillage, dans tous ses états : pulsion, pulsion, **secrète addiction qui prend à la gorge et au sexe comme une urgence impossible à différer**.

On songe à la fin des années 60, à la *Beat generation*, à Miller, Bukowsky, Bataille, à l'ordre clamé de se libérer du conformisme du désir habillé du rigide « charme discret de la bourgeoisie » : il était devenu interdit d'interdire le sexe tout feu tout flamme, même s'il était question d'attendre autre chose que le sexe pour lui-même. Jouissance ivre et trash des corps pour les corps, ivres de « paradis artificiels », de *« sea, sex and sun »*.

Jouir sans entrave, prendre un sexe pour un sexe, faire reculer les limites, laisser le *ça* freudien, la pulsion, n'en faire qu'à sa tête :

> J'ai vécu des années trash, à passer d'un sexe à l'autre, sans savoir avec qui et pourquoi je faisais ça, parfois avec un homme, une femme, à plusieurs, en partouze ; c'était comme un manque qui me faisait me jeter dehors pour trouver ma dope, pour satisfaire une urgence qui me brûlait le bas-ventre. Cela faisait flamber le sexe. Progressivement, cette course au plaisir sans âme a fini par se fatiguer, perdre en intensité, et cela me poussait à toutes les fantaisies brûlantes, pour essayer de retrouver ça.

Tel est le témoignage édifiant de Patrick.

Être enchaîné à des pulsions non contrôlées : entre passé infantile et chimie...

Ce qu'il faut comprendre : ces enchaînés à la pulsion sexuelle sont dépendants d'une poussée de la libido non canalisée par ce que Freud appelle le « principe de réalité ». Tout se passe comme **s'ils n'avaient pas pu renoncer à la « toute-puissance » de leur état d'enfant**, dévorés par un besoin urgent et intempestif du sein d'une mère qui ne les aurait pas sevrés psychiquement. Si le tiers, le père fonctionnel ou biologique, n'a pu faire décrocher de ce besoin archaïque, si la mère n'a pu effectuer cette séparation, le jeune, puis l'adulte, reste inconsciemment accrochés à ce besoin, qui leur interdit tout accès à une relation amoureuse humaine, émotionnelle, jouant les abonnés absents : les corps, ou des parties de corps (« fantaisies mentales » freudiennes) sont juste des objets de satisfaction immédiate. Il n'est alors pas question de désir, qui suppose de différer, d'avoir appris la limitation.
Une autre explication possible relève du regard scientifique, qui place **la chimie au cœur du débat** : courir d'un corps à l'autre, ce serait se comporter, nous explique Lucy Vincent dans *Comment devient-on amoureux*, tel un rat qui, quand on lui offre « la même dame plusieurs fois », voit décroître le « pic de libération de dopamine », et donc son intérêt... D'où la recherche effrénée d'un autre partenaire... Une lecture plus psychanalytique laisse penser qu'il est extrêmement difficile de casser cette dépendance sans un travail thérapeutique **approfondi sur soi,** car il faut apprendre à renoncer à une jouissance immédiate, compulsive, de l'ordre de

la consommation qui assouvit immédiatement, sans attendre. C'est là une jouissance extrême. Apprendre l'attente, le désir, c'est grandir, mûrir, accéder à l'état d'adulte prêt à aimer : cela ne se fait pas sans renoncement, sans temps de « carême ». **Le travail des acupuncteurs**, dont on sait qu'il a des effets sur un certain nombre d'addictions, peut aider aussi à travailler sur les flux énergétiques.

Gare au feu de paille de l'entichement en trompe l'œil

Parfois, **cela flambe très fort, l'être croit être tombé amoureux, alors qu'il ne s'agit que de s'enticher de façon superficielle** ; c'est comme un feu follet, ou bien un feu de paille vite éteint après les feux de la Saint-Jean… On connaît les histoires libertines de Casanova et Dom Juan qui, en leur époque, ont posé la question de la liberté du **choix d'une vie qui ne se soumettrait pas à ce que la société attend de nous.** Certes. Les romans libertins du XVIIIe siècle sont admirables, primesautiers, comme Mozart, pourrait dire Philippe Sollers. Pourtant, bien des personnes connaissant le fameux chagrin d'amour se demandent, une fois passé le vent de la séduction, pourquoi elles restent sur la grève, conquises, puis abandonnées, comme la Done Elvire de notre Dom Juan de Molière. « Tout le plaisir de l'amour est dans le changement », dit le grand seigneur à Sganarelle. Il est certes question de faire un pied de nez aux conventions qui dictent la voie du mariage et de la famille. Cependant, **n'est-ce pas aussi une forme de**

peur, et d'incapacité à l'engagement, qui transforme alors l'être qui jette ses filets en déserteur de l'amour, une fois le poisson ferré ? Le but est de soumettre l'autre, selon le principe du bon plaisir, de la pulsion, et non d'entrer en relation. Dora se souvient d'une expérience douloureuse :

> Je n'ai rien vu venir… Il était tellement séduisant, agréable, à l'écoute, offrant de lui une image redoutablement attractive, que je me suis laissé aveugler. J'ai cru à un conte de fées. Assez rapidement, quand il a obtenu ce qu'il cherchait, c'est-à-dire me faire basculer dans son alcôve, il s'est retiré comme une vague au bout de l'océan, pour n'en plus revenir. J'ai compris que, manquant d'estime pour moi-même, je n'avais pas pu résister à cet homme qui, enfin, me considérait comme désirable.

Il s'agissait juste de conquérir, sans émotion ni émoi amoureux, juste pour jouer comme un enfant non sevré, ou rester fidèle, parfois, à une mère trop possessive ; **multiplier les partenaires, quand cela dure une vie, peut arranger inconsciemment : cela évite d'aimer**, et permet de rester accroché au « premier objet de l'amour », la mère. Il peut s'agir, pour une jeune femme amazone, et autre Diane chasseresse, de rester fixée à son père défaillant ou n'ayant pas pu s'effacer au moment de l'adolescence. Enfin, **le feu follet amoureux illusoire peut aussi aider à s'extirper d'un contexte familial trop rigide**, où le jeune n'aura pas eu le sentiment d'être accueilli pour ce qu'il était, et poussé à devenir ce qu'on voulait qu'il soit. Évidemment, il faut comprendre pourquoi l'on se retrouve dans des impasses renvoyant parfois celui qui les subit à sa propre histoire, qui fait caisse de résonance : enfance délaissée, sentiment d'avoir été mal aimé, autant de plaies mal cicatrisées à vif. **Reprendre son histoire personnelle familiale,** avec un spécialiste, pour **faire remonter les émotions négatives et analyser le présent qui réactive des douleurs passées ; sublimer par la création artistique, écrire un journal intime**, **puis se remettre en projet personnel** pour transformer la douleur et la rendre féconde : cela peut aider à se transformer, et à ne par retomber dans de semblables filets.

Noire brûlure de l'amour passion, « un éclair et puis la nuit... »

Ah ! Le fameux amour passion, ce ravissement douloureux qui arrache à soi-même, égare, écorche vif, comme s'il s'agissait d'avoir, comme un personnage romantique aux cheveux longs et gilet rouge, à en mourir d'une angine de poitrine, ou d'un suicide en forme de mal mélancolique… Qui n'a pas connu une fois dans sa vie cette passion romantique qui est à l'origine de tant de chefs-d'œuvre littéraires, musicaux, picturaux ? Ne nous fait-elle pas rejouer d'archaïques, d'antiques douleurs qui remuent l'enfant recroquevillé en nous – qui attend la caresse, le baiser, les senteurs d'une époque fusionnelle ou bien trop solitaire ? **À vos marques,** pour retrouver ou enquêter sur ce qui a généré des siècles d'art, de musique, de littérature**. Il faut comprendre que l'amour passion douloureux nous renseigne sur nous-mêmes, nous fait grandir, nous fait rejouer**

autre chose. Par la souffrance, dépassée, conscientisée, **il peut nous faire accéder à nous-mêmes et, plus tard, à « l'amour inconditionnel ». Au fond, il viendrait réactiver nos blessures anciennes :** il n'est pas ce fameux grand amour qui, lui, est du côté de la vie, du bien-être, du désir, et d'un projet d'avenir – quel qu'il soit – réciproque.

Acte I : du coup de foudre en forme de rapt

Il serait question d'un **regard** qui vous enlève, à la romaine : soudain, la vie ordinaire est suspendue, vous êtes interdit, ému, sidéré : au fond, c'est presque indicible, **de l'ordre du ressenti**. « Je le vis, je rougis, je pâlis à sa vue », confie Phèdre, coupable d'une passion incestueuse pour son beau-fils dans la pièce de Racine. Le coup de foudre, cela porte bien son nom. **État de choc, brutal.** Les scientifiques qui y voient **l'invasion de Mme Chimie savent aussi qu'il recèle sa part d'irrationnel, de mystère noir**. Alors, **le corps palpite**, se ramollit, **le cœur se met à marteler fort** derrière la poitrine, à l'intérieur. Indicible sensation d'être arraché à soi : adieu la maîtrise, le contrôle, vous êtes hors de vous. La flèche d'Éros a visé plein cœur. Réalité suspendue : cela chute en vous tous azimuts, l'autre prend toute la place ; soudain, « il ne distingua personne, dans l'éblouissement que lui envoyèrent ses yeux » : c'est Frédéric qui rencontre Mme Arnoux dans *L'Éducation sentimentale*, de Flaubert. L'événement est inattendu et parfois différé**.** Enfin, il peut passer par des routes insolites, comme s'il avait à être testé : ainsi, dans le roman d'Albert Cohen, *Belle du Seigneur*, Solal veut éprouver la belle par la provocation cynique. Histoire, aussi, **de senteurs, de peaux qui se respirent à distance**, de parfums qui font flamboyer l'imaginaire « Si tu pouvais savoir tout ce que je vois, tout ce que je sens, tout ce que j'entends, dans tes cheveux. Mon âme voyage sur leur parfum comme l'âme des autres hommes sur la musique », nous murmure Baudelaire dans les *Petits poèmes en prose*. Retenir, en tout cas, que c'est un détonateur, qui peut surgir vis-à-vis d'une « passante » inconnue, ou naître dans le cadre d'une amitié qui se transforme, dans le cadre d'un destin à vivre. Il est question, en tout cas, d'une disponibilité intérieure. Et **le coup de foudre peut se vivre par méandres**, avec des instants de lucidité aiguë, puis des replis dus à la peur, à la culpabilité, avant le grand abandon. Expérience extatique forte. Il faut savoir **qu'il peut ouvrir la porte à une histoire d'amour durable, mais que ce n'est pas toujours le cas s'il vient compenser une vie d'individu sans projet pour lui-même** (professionnel, créatif, etc.) : aimer durablement suppose de s'être réalisé soi-même, pour pouvoir faire une rencontre qui ne soit pas une projection de ce que l'on voudrait devenir soi. Il faut tenter de réfléchir, donc, sur cette force puissante, mais parfois trompeuse comme l'est notre imagination, nous ont dit à leur façon Montaigne ou Pascal. **La réflexion n'est souvent possible que plus tard, quand la « passion » retombe et fait souffrir**, comme l'indique son étymologie latine.

Acte II : du « bateau ivre de l'attente », entre doute et fantasme

Vous aurez reconnu cet état de rêverie vague, intérieure, fantasmatique : voici venu le temps de se représenter, seul avec son imaginaire, le corps de l'autre : **temps de distance nécessaire où se construit le désir,** où l'être épris se représente le corps de l'autre, entre fantasme, au sens de « vision », et réalité. C'est aussi l'instant où l'on ressasse, en interprétant chaque mot, chaque geste, chaque parole échangée au moment de la rencontre. Oui, voici venu **le temps de la langueur**, **entre chavirement des sens et doute** : ce sont les rêvasseries infantiles de Jeanne dans *Une vie* de Maupassant, tandis qu'elle imagine son futur époux – séducteur opportuniste – en amoureux, tout droit sorti des livres lus dans un couvent. **Histoire de femmes sans autonomie, condamnées à se retrancher dans les clichés romanesques, car non préparées à affronter la vie, et au destin tout tracé : devenir épouse et mère**. Le corps de l'autre peut être **plus incarné**, érotiquement – comme dans *Lolita* de Nabokov, où s'allume l'extase érotique –, dans une forme d'idée fixe, d'obsession. L'être frappé par le coup de foudre peut aussi **se réfugier dans le rêve éveillé d'une image pure,** non incarnée, idole inaccessible et idéale, qui parle de la dépendance à une mère restée objet de fantasme inconscient. On songe à l'Aurélia du poète Nerval. Temps suspendu, entre attente fiévreuse, sens à vif mais douleur du manque qui travaille à l'estomac**. Tenir, attendre, laisser faire**. Se laisser porter : a-t-on vraiment le choix, à ce moment-là ? La personne est souvent **ramenée à une vie émotionnelle ancienne**, à celle **des inscriptions sensorielles de l'enfance** qui ressurgissent, senteurs enivrantes, délicieusement douloureuses. C'est bien la marque de l'amour passion, que **de renvoyer à un temps antérieur,** idéalisé ; ce serait comme **un pansement posé** sur une douleur trop vive de l'enfance, ou encore une relation dont on n'est pas sevré : l'idéalisation, qui passe par le fantasme, est une **façon de se protéger de la réalité**, c'est-à-dire du sentiment de solitude, voire **d'insécurité intérieure** ressurgissant. **En avoir conscience permet de travailler sur soi pour se remettre en mouvement.**

Acte III : deuxième entretien, se raconter, allumer le désir

Évidemment, ce type d'amour passionnel s'enflamme, s'exalte d'un entretien à l'autre, avec les temps morts qui excitent le désir de l'autre, en laissant l'imagination faire son travail. Entretien, entretien… Certains ont **la saveur d'un poison distillé dans les pores de la peau**, quand il s'agit d'une relation où le séducteur – la séductrice – manipule l'autre (victime d'un « vertige de l'amour » fredonné par Bashung) sans sincérité, sans authenticité. On songe à la façon dont Rodolphe, le bel aristocrate cynique, désenchanté, se joue d'Emma Bovary, la femme insatisfaite qui rêve sa vie, mariée à un médecin de province. Durant la scène de l'entretien qui se déroule sur fond de discours officiel (lors de comices agricoles), tous les moyens sont bons pour faire tomber Emma dans ses filets : **petites allusions romantiques, pour mettre sous emprise, feindre d'adhérer aux attentes de l'autre, envolées lyriques, grands discours**

exaltés sur la possibilité du bonheur, silence opportun pour ferrer la proie, allumer son désir… On sait comment tout cela finira – l'adultère consommé qui mène à un suicide, celui d'une femme qui a ainsi exprimé son envie d'une autre place que celle réservée par la société de l'époque. Et pourtant, les Emma Bovary courent encore le monde – en tailleur-pantalon – même si elles travaillent ou se réalisent d'une façon ou d'une autre en dehors de la famille. **Il faut comprendre qu'il est parfois question d'une insatisfaction hystérique : c'est alors plus l'idée de l'amour qui excite, que sa réalisation ;** cette conscience peut aider à se questionner, et à envisager de réfléchir à son histoire de vie avec un psychothérapeute : *être hystérique*, rappelons-le, étymologiquement renvoie à l'utérus. Un être à structure hystérique doute en quelque sorte de sa féminité, ou de sa masculinité, et a de faibles besoins sexuels. « C'est dans le mouvement même de parler, que l'hystérique constitue son désir », rappelle Lacan. Infidélités répétées, donjuanisme, peuvent y trouver parfois leur explication, s'ils durent une vie.

Acte IV : Passion boostée par la jalousie, cette tempête du cœur

On l'aura compris, l'amour passion se situe du côté de la difficulté d'aimer. Souvent, comme dans le théâtre de Racine ou dans les vaudevilles, Untel aime Unetelle qui aime Untel. Dame Jalousie s'allume dans toute sa superbe : « Connais Phèdre dans toute sa fureur ! »… Émilie offre des paroles édifiantes : Je me suis perdue dans le labyrinthe de la jalousie, obsédée par cet être jamais vu que mon amant avait dans la peau. Plus j'y pensais, plus je désirais, plus j'étais dans la douleur, dans le déchirement intérieur. Paradoxalement, cela me rendait encore plus dépendante de cet amour, sans issue autre que la douleur d'aimer.

Paradoxe, paradoxe, que cette angoisse du fantôme d'amour qui inscrit la relation dans un triangle : soi, l'autre, et « l'ennemi intime » qu'est la personne convoitée par celui que l'on aime passionnément. Bien des romans, des films, ont fait couler l'encre noire de ce romantisme sentimental qui en a fait mourir plus d'un ou d'une, sur le papier comme dans la vie… Au programme, **on rejoue une bonne vieille histoire d'Œdipe, d'enfance ancienne non dépassée** : *il était une fois*, nous raconte Freud, un petit garçon « amoureux » de sa maman et qui voulait éliminer le père, *il était une fois*, une petite fille amoureuse de son papa et qui rêvait d'éliminer la rivale. Le tout se rejoue durant le grand geyser de l'adolescence, et si les points n'ont pas été mis sur les *i* par des parents flous, parfois séducteurs, ne posant pas d'interdit, cela ressurgit dans la vie d'adulte avec d'autres partenaires. Cela peut durer toute une vie.

Et la jalousie, décrite comme un « mille-pattes » par l'écrivain Alain Robbe-Grillet, pour un rival fantasmatique dévore la chair, le ventre, rend fou et prêt à tout, comme dans *L'Enfer*, le film de Claude Chabrol… **Ce désir en trompe l'œil qui incendie n'est autre que cette dépendance familiale ancienne non liquidée** du petit garçon qui veut toujours sa maman pour lui tout seul, et ne renonce pas à son « principe de plaisir ».

Plutôt pulsion régressive pour l'interdit, le passé infantile, que désir pour l'autre, demain et la vie.

Acte V : passion en vrac : perte angoissante... et jouissance de la mélancolie...

Rien ne va, sinon l'attente douloureuse...

L'amour passion aurait **un début et une fin** : la littérature occidentale nous offre mille et une illustrations de **ces agonies passionnelles languissantes. Allez, en accéléré, petite promenade désespérément romantique, pour donner envie de lire, ou relire, ou écouter, ce qui peut aider à passer à autre chose, à se transformer, pour aller vers la vie** : Nerval est « le Ténébreux, – le Veuf, – l'Inconsolé », allons-y pour la mort de la phtisique Mimi, dans *La Bohême* de Puccini ; Mme Butterfly erre fossilisée, dans l'attente blanche du retour d'une ombre d'amour, sur une scène d'opéra ; Manon Lescault se meurt, entraînant l'effondrement de Des Grieux... Maldoror, chez Lautréamont, est en quête de partenaire idéal, s'offrant sous le visage d'un animal aquatique, le requin au féminin ! Il est aussi question d'égarement, pour une « fille aux yeux d'or » homosexuelle, inclination en forme de quête de soi-même, dans le roman de Balzac. **Et tutti quanti**, chez Byron, Thomas Mann, Mme de la Fayette, où la princesse de Clèves fait retraite sans jamais accepter de revoir sa passion secrète. Chopin et ses nocturnes, Musset, Georges Sand, vivent le casse-tête sentimental qui tourne au vinaigre, de Venise en campagne de Nohant... **Bref, l'amour passion nous met dans de beaux draps : ses représentations**

ont influencé notre inconscient, comme autant de marqueurs que la publicité et la communication exploitent. Au cinéma, de Romy Schneider à Isabelle Adjani, « autant en emporte le vent », la passion ne mène qu'à une forme de mort : disparition, mort des amants – Tristan et Iseult.

La mélancolie : toi, contre l'évidence...

> L'amour fou, cela bat de l'aile, vous met sur le flanc, tôt ou tard. J'ai longtemps espéré, cru que cet homme impossible se mettrait à m'aimer, à me reconnaître, à me donner quelque chose. Cela a duré si peu de temps. Ce fut si fusionnel. J'ai tout investi, me suis précipitée dans ce puits sans fond. Après la rupture, ce fut le désespoir, la dépression, une forme de mélancolie dans laquelle je m'enfonçais. J'ai compris, après des années de travail thérapeutique, que j'y trouvais mon compte : c'était comme une jouissance que d'attendre l'absent. Cela me renvoyait à l'attente inquiète, dans mon enfance, d'une mère absente durant les premières années de ma vie, et sans doute recherchée dans tous mes partenaires.

Ce témoignage de Clara offre une explication lumineuse de ce fonctionnement de la « maladie de mélancolie » analysée dans *Soleil noir, dépression et mélancolie*, ouvrage de Julia Kristeva. **Tout se passe comme si la personne abandonnée avait introduit en elle la personne perdue pour s'en repaître sans pouvoir dire adieu.** C'est le déni de l'absence, et la jouissance que cela procure, inconsciemment. C'est une attitude toute-puissante qui consiste à vouloir garder l'autre, malgré l'évidence du vide. Accepter la perte physique et engager un deuil psychique qui permettrait une libération et un renouveau supposent de renoncer à cette seule jouissance possible construite dans la solitude de l'enfance. C'est le paradoxal : « Tu me tues, tu me fais du bien » de *Hiroshima mon amour*, de Marguerite Duras… **Une enquête sur soi-même auprès d'un psychothérapeute ou psychanalyste, la sublimation par la création artistique – peinture, musique, écriture –, sont des pistes pour dépasser, transformer, renoncer, et renaître**. Cela aide à devenir lucide sur les causes qui font s'enliser dans une passion impossible (être amoureux de quelqu'un d'autre, trop jeune, ou incapable de se donner, échappant toujours à l'engagement), en laquelle nous trouvons notre compte : **cela permet de rester fidèle à une façon d'aimer apprise durant l'enfance**.

Autres visages de l'amour en trompe-l'œil…

Immobilité sécurisante de l'amour platonique…

Aujourd'hui, pourrait-on dire, les possibilités offertes par Internet, la webcam, etc., offrent des portes nouvelles pour vivre ce que Dante vécut pour Béatrice : se repaître d'**une image idéalisée, du virtuel, du rêve à la place de la réalité.** Nous y reviendrons, pour séparer le bon grain de l'ivraie. Le rêve de la dame courtoise du Moyen Âge, **idéalisée**, ou d'un monde auquel on voudrait parfois accéder pour soi-même, perdure. Autrement. C'est une **sorte d'amour pur**, **sans sexualité,** qui renvoie la personne qui l'éprouve à elle-même, comme si elle était en recherche de son identité, devant cette autre version d'elle-même : petite histoire d'âme sœur qui recréerait une sorte d'être complet, comme en parle Platon. Il existe donc encore des poètes à la Pétrarque qui se repaissent mélancoliquement d'une Laure à peine entrevue. **Cette inclination protège de la réalité, évite le risque d'avoir à affronter l'amour vécu : il protège du risque d'aimer quelqu'un qui viendrait, peut-être, réveiller des douleurs anciennes d'une enfance enfouie, ou encore panse la plaie d'une union mal assortie** :

> J'ai réalisé avec stupeur que j'avais vécu dans le rêve douloureux d'une passion réduite à une idée qui m'avait envahie pendant dix ans, parallèlement à ma vie conjugale, et qui n'avait été qu'une réparation de mon enfance malheureuse au plan affectif. Mon époux avait été en quelque sorte le passeur, le père réparateur, et cet autre homme un reflet de moi-même, en train de me construire, pour m'acheminer vers la maturité.

Ce témoignage est en soi édifiant. La passion platonique serait comme une sorte de **voile protecteur**, ou bien un **écran entre soi et son être profond** ; elle permet de courir après un idéal qui protège de la peur de l'engagement ou de notre vérité intérieure. Rappelons qu'elle est l'enfant d'une culture aux racines très anciennes : la philosophie officielle, celle où le noble « monde des idées », a toujours été considéré comme *divorcé* du corps, nous rappelle le philosophe Michel Onfray. Tout notre inconscient en est imprégné, et notre culture littéraire, picturale en offre mille représentations. **Vient le moment où il faut apprendre, en laissant du temps**

au temps, à déposer les cendres de l'amour platonique dans une petite boîte, ou **sur un sol où pousseront les fleurs d'une nouvelle vie d'amour plus adulte, en tout cas vécu et non pas idée pure**.

Vertiges de l'auto-érotisation narcissique

On ne reprendra pas l'histoire archi-délavée de ce Narcisse qui fut puni de son indifférence vis-à-vis de jeunes filles amoureuses, et qui se retrouva tout seul face à lui-même : eh oui, il se retrouva bel et bien coincé devant son plan d'eau, à se regarder éternellement, pour faire l'amour avec lui-même. Certes, l'adolescent découvre les vertiges de l'auto-érotisation en explorant son corps, ses sens, dans une sorte d'initiation qui le mène à l'âge d'homme… **Quand cela remplace le lien avec l'autre, on est aussi très loin de la relation amoureuse qui, comme son nom l'indique, invite à se lier à quelqu'un**. De deux choses l'une : soit il est question de se bricoler une meilleure image de soi, en s'aimant inconsidérément parce que, sans le savoir, on ne s'aime pas :

> J'ai toujours mendié le regard de ma mère sur moi, quand j'étais petite. Elle n'avait pas de mot tendre, pas une caresse, pas un regard doux. Il fallait juste filer droit devant soi, vivre sans se laisser aller à la tendresse, à l'abandon. J'ai donc passé une partie de ma vie à me contempler comme dans un miroir à travers des êtres qui me renvoyaient une image valorisante de moi-même, mais j'étais incapable de me donner, ni en émotion, ni en sentiment. La mort de ma mère m'a jetée dans le désespoir et conduite chez un psychothéra-

peute qui m'a permis d'avoir accès, enfin, à l'émotion, et d'entrer en relation.

À l'opposé du cas de Viviane, évoquons aussi ces cas de personnes qui sont restées centrées sur elles-mêmes ; telles des « femmes sans cœur » balzaciennes, trop aimées, trop fétichisées, et à qui la limite n'a pas été posée durant l'enfance : à ce moment très particulier du narcissisme secondaire où l'enfant doit apprendre qu'il n'y a pas que lui ici, qu'il n'est pas un petit roi, mais un humain parmi les humains. **Deux histoires, pour deux impasses, qui interdisent l'accès à la relation amoureuse, qui est rencontre d'un autre**. L'être tombé amoureux et accroché à une personne incapable d'engager ses émotions **doit se questionner sur le passé** : qu'est-ce qui, dans l'histoire ancienne, familiale ou amoureuse, vient se rejouer quand l'élan n'est pas réciproque ? Cela peut être une façon de se protéger, de ne plus reprendre le risque de souffrir, après une brûlure d'amour.

Comprendre les rouages de ces « histoires d'amour » au visage incertain…

Relire ce passé personnel qui nous dépasse et nous enchaîne

Apprendre à aimer dans la « sainte famille »

La psychanalyse nous a appris que la façon d'aimer, les attentes et les choix de partenaire ne sont pas liés au hasard. Les scientifiques nous expliquent aussi que nos élans sont liés à une sorte de renvoi sensoriel à l'enfance, comme si la personne élue, **cet être si précieux, était une sorte de précipité, de mémoire ancienne qui se réveille, soudain ressuscitée** :

> J'ai su, à sa seule présence, qui s'est imposée, forte, évidente, qu'elle serait mon port d'attache. Jamais personne ne m'avait regardé comme ça. Ce fut viscéral. Et en même temps, j'avais l'impression que je la connaissais depuis toujours. C'était une étrange impression d'intimité retrouvée, avec ce sentiment qu'il ne serait plus possible, désormais, de vivre sans elle, puisque nous étions reliés, à jamais.

Les paroles de Jean-Roland nous rappellent que **la relation amoureuse réciproque, qui s'inscrit dans la durée avec un projet d'avenir (quel qu'il soit), présente parfois ce quelque chose d'un « temps retrouvé »**, titre du dernier tome d'*À la recherche du temps perdu* de Proust. Un peu comme s'il s'agissait de boucler la boucle, après la construction de soi, tôt, ou tard. Après l'adolescence, une histoire d'amour pourra se nouer naturellement, si la relation familiale a permis de construire une autonomie psychique dont les ingrédients auront été l'affection, la limite, l'équilibre familial : l'image d'un couple parental qui aura offert un solide terreau de construction de soi, et donc de son propre avenir amoureux. On sait d'ailleurs qu'il n'y aurait que des parents « acceptables », parce que des couples, et donc des individus traînent leur passé parfois comme des sacs de souffrance invisibles…

Après l'engagement, miroir, joli miroir…

Dans la *sainte famille*, parfois, on apprend à aimer comme on peut, avec des dérapages, des peurs, des blocages. Les difficultés commencent une fois l'engagement consommé : c'est le miroir qui vous est alors renvoyé. **Non-sevrage, dépendance psychique à un père ou à une mère** qui n'auront pas aidé à ce décrochement nécessaire pour se donner pleinement à un autre, à une autre ? C'est la porte ouverte parfois, une fois le mariage – voire le Pacs – consommé, à toutes les crispations, rupture du dialogue, panne du désir. Si l'attraction liée aux hormones est moins forte après quelques années, il est aussi question de disponibilité psychique. Si l'apprentissage de la langue de l'amour s'est fait dans une famille où le couple dysfonctionne – mésentente, violence psychologique, absence de communication, couple délié, non construit sur le désir –,

l'être démarrant sa vie amoureuse risque d'être mené par le bout de… son inconscient. Celui-là n'a pas la conscience du temps, et vous ressert les plats de plus en plus réchauffés et indigestes, les années passant. Il est ainsi question, amoureusement, de faire des choix à l'aveugle, qui peuvent être **un leurre d'amour,** au sens où l'on risque d'être amené à répéter des schémas appris durant l'enfance. Derrière le partenaire peut se cacher un fantôme de père, de mère, de sœur, de frère, avec lequel la relation aura été ou trop forte, ou marquée par l'absence et la souffrance psychique. Le couple pourra alors fonctionner sur le mode de la compensation. **S'il est en souffrance, mais désireux d'évoluer, il s'agira de se tourner vers un spécialiste, pour tenter de régler ses comptes avec son passé** : thérapie individuelle ou de couple, constellation familiale…

Des béquilles en guise de relation amoureuse

Il arrive donc que la relation soit construite sur un terrain mouvant, où chacun vient chercher autre chose que « l'amour inconditionnel », parce qu'il n'y est pas prêt. **Dans ces couples en forme d'atelier de réparation thérapeutique, chacun ne se choisit pas par hasard.** Si l'un joue le père ou la mère de substitution pour réparer le partenaire, c'est aussi qu'il y trouve son compte : autrement dit, sa propre histoire l'engage à jouer ce rôle. Reprenons l'analyse d'Emmanuelle :

> J'avais élevé mes frères et sœurs pendant des années, et le couple que formaient mes parents ne s'était pas construit sur le désir. Ma mère dorlotait mon propre père comme un petit enfant, il était sa chose, et même

> si elle s'en plaignait tout le temps, cela lui convenait. Il aurait fallu, sinon, qu'elle se positionne en tant que femme. Quand je me suis mariée, j'ai très vite repris le flambeau : après le mariage, très vite, s'est installée une relation de maternage entre mon époux et moi-même. Il avait des manques affectifs profonds, une mère distante qui ne lui avait pas montré son affection, du moins c'est ainsi qu'il l'avait ressenti. Quelques années plus tard, il a fini par me quitter. C'est un peu comme s'il avait fini de grandir avec moi.

Pensons à Boris Cyrulnik qui, dans *Parler d'amour au bord du gouffre*, évoque « l'attachement *secure* où le petit se développe avec plaisir, et l'attachement désorganisé, où toute information provoque une détresse ». Pourtant, il constate que certains « ont quand même réussi à apprendre un attachement serein, alors qu'ils se sont développés au contact d'une mère accablée et anxieuse ». **Ces drôles d'attelage d'union en forme de béquille peuvent conduire à une rupture**, quand le partenaire accompli peut accéder à une relation amoureuse plus mature. **Cependant, ils peuvent aussi évoluer vers un couple assis sur des bases moins névrotiques**, si les premières années ont connu ce socle du désir partagé, **et si les évolutions de chacun restent compatibles. Si l'un a renoncé à ce qu'il était, car trop abîmé, et non conscient** de son « désir singulier », **de ce à quoi il aspirait pour lui-même, la relation risque de prendre fin**. Il faut comprendre qu'être à deux, ce n'est pas renoncer à soi, mais être soi, en faisant une place à l'autre, en respectant ce qu'il est, sans vouloir le modeler dans une attitude toute-puissante. Laisser le temps faire son travail, dialoguer, **si le cœur et le désir s'y prêtent, sans se laisser piéger par la peur, le sentiment d'être redevable, et la culpabilité**, entreprendre un travail thérapeutique : des pistes pour, peut-être, opérer la mue du couple ancien. Il faut avoir à l'esprit **qu'une union en forme de leurre n'est pas source d'équilibre pour le milieu familial**.

L'arrivée des enfants, une bombe révélatrice

Les enfants seraient une consécration du couple ou bien, selon une autre lecture, plus scientifique, le résultat d'une programmation liée à l'instinct de reproduction qui pousse un homme et une femme à *faire couple*, à se rapprocher, la chimie faisant son travail, pour procréer. Certes. Cependant, de nombreux scientifiques pensent qu'au-delà du stéthoscope qui ausculte froidement les raisons de la relation amoureuse, **il y a aussi l'inexplicable**, ce cœur pris au piège d'une délicieuse alchimie. En tout cas, constatons que **les couples aux relations bancales se retrouvent en vrac** quand « l'enfant paraît », après le premier, et aussi le deuxième. Tout se passe comme si l'arrivée du petit d'homme, cadeau de vie, entonnait parfois le refrain de « pour qui sonne le glas » de la relation amoureuse :

> Mon époux s'est soudain comme détaché de moi lorsque Paul est né. Durant les derniers mois de grossesse, déjà, j'avais senti qu'il changeait, supportant mal mon ventre qui s'arrondissait. L'allaitement et les premiers mois après la naissance l'ont laissé ému de voir ce petit garçon prendre sa place, et en même temps l'ont rendu agressif, fuyant, insaisissable. Je me suis

alors sentie très seule. Deux ans plus tard, j'ai appris qu'il avait une maîtresse, et j'ai demandé le divorce.

Ces paroles d'Estelle sont éclairantes. On songe à la transformation d'une héroïne romanesque de Marie Darieussecq, dans *Truisme*, en femme-truie, femelle qui déclencherait chez son « mâle » une sorte de fascination-répulsion. Tout se passe comme si le « divin enfant » usurpateur entrait en rivalité avec l'époux qui a le sentiment inconscient d'être chassé. Pourtant, il ne s'agit pas de la même place. Autrement dit, **l'enfant est une bombe à retardement qui révèle que la place symbolique occupée par l'époux n'est pas la bonne** : il aura été cet « homme-enfant » dont **le fils devient dès lors le rival**, le délogeant insolemment de la place qu'il occupait auprès de sa femme, louve romaine, mère de substitution dont la mamelle n'est plus disponible. **État de crise, donc, et non pas état de grâce**… Classique histoire d'Œdipe non liquidé, avec souvent, à l'origine, soit un grand manque affectif, une « blessure narcissique », soit une relation de fusion avec la mère : le fils resté « collé » n'est pas disponible psychiquement pour aimer quelqu'un d'autre, et sa propre femme devient une mère symbolique. La trahison est alors une façon de lui faire payer inconsciemment d'avoir été chassé du « paradis perdu » ; elle permet d'exercer une virilité ailleurs, puisque « l'épouse mère », cette femme à deux têtes, est frappée d'interdit : on ne désire pas sa mère. **Il est donc nécessaire, pour transformer la relation malade,** d'entreprendre une thérapie individuelle, ou de couple**, pour parvenir à ce que chacun change de place, symboliquement**. Penser aussi qu'une femme qui devient mère peut, si elle n'est pas disponible pour le désir, trouver son compte à faire couple avec l'enfant, en devenant fusionnelle : cela lui évite de se poser des questions sur **sa propre féminité.**

Être conscient des confusions qui aveuglent

Tout attendre de l'amour : l'insatisfaction personnelle rentrée

C'est peut-être l'écueil suprême que cette attente démesurée en matière d'amour, qui viendrait nous combler et qui serait la seule réalisation possible, car nous voulons tous que « quelqu'un » nous « attende quelque part », susurre Anna Gavalda dans des nouvelles… Pourtant, **pour que la relation amoureuse soit vivante, il faut qu'elle soit alimentée**. Cette nourriture du cœur bien portant de l'amour passe par une maxime telle que : *Réussis-toi toi-même, d'abord.* Oui, pour bien « aimer à perdre la raison, aimer à n'en savoir que dire », comme chante Ferrat, il faut peut-être avoir traversé les épreuves du chevalier, au masculin-féminin, en marche vers sa maturité, son autonomie. **Autrement dit, savoir qui on est, s'être accompli soi-même,** par des choix de vie, d'étude, de travail, de passion personnelle : cela permet alors de célébrer l'amour authentique. **Cela prend parfois plus de temps après l'adolescence, quand les relations familiales ont retardé cette ouverture sur la vie d'adulte**. Tout attendre de l'amour consiste à compenser ses frustrations, ses blocages, ses ambitions avortées, la passion amoureuse devenant un pansement, un alibi. On songe aux héroïnes féminines des romans du XIXe siècle, à celles aussi, dévorées de mélancolie languissante, des romans de Marguerite Duras. **Héroïnes toupies qui tournent en rond sur elles-mêmes, non reliées, sans sens personnel, à l'avenir bouché**, sans issue, nous rappelle Julia Kristeva, psychanalyste et romancière. Alors se propose l'adultère : il peut certes être lié à une fin de cycle amoureux, après des vies familiales construites ; et fait pour vivre l'amour authentique, après un mûrissement psychique qui y prépare – mais doit ménager les tiers. Pour les clones d'Emma Bovary, il n'est qu'une compensation pour qui n'a pu inventer un avenir personnel, en dehors de la maternité et de la vie conjugale. **Mettre l'amour à la juste place revient donc à remettre sa vie personnelle en marche, à la transformer par des projets personnels – études, reprise d'un travail lucratif, réorientation professionnelle, loisirs, créativité, vie associative, etc.** Il est alors possible d'aimer inconditionnellement cet élu, cette moitié d'âme, de cœur, d'esprit, de corps venant s'emboîter, et qui donne de l'énergie. **Si l'amour n'est pas toute la vie, il fait sens ; pourtant, seul l'élan vital qui nous fait réinventer notre propre vie, et donc celle du couple, lui donne du sang, pour faire palpiter son cœur et en entretenir les battements**.

Vivre une vie de couple au tempo de la passion d'un héros romantique

C'est également un puits sans fond, dans lequel nombre de personnes sautent à pieds joints. Rappelons qu'une fois les premières années d'attraction sexuelle forte passées, **les hormones ne sont plus ce qu'elles étaient,** nous disent les scientifiques : c'est donc **tout un travail à entamer à deux,** à partir de ce premier terreau du désir passionnel, pour entretenir les sentiments, s'ils sont bien là. **Pensons aussi que tout notre environnement est comme marqué au fer rouge par cette idée de la passion amoureuse dévoreuse**, délicieusement dévastatrice, qui enchaîne au désir, à la dépendance ivre : tout notre inconscient est bombardé par cette représentation romantique de l'amour, cela suinte, transpire de partout : publicité, communication, cinéma, littérature, musique, envoient des messages qui nous coulent dans les veines au quotidien. Les amants de l'amour courtois, les Tristan et Iseult, Roméo et Juliette, Guenièvre et Perceval, Éloïse et Abélard, Adolphe et Ellénore ont fait des petits qui ont laissé des traces à notre insu, au fond d'une boîte fermée. **Ces lieux communs nous parlent d'une idée très simple : ce serait dire, photographier, peindre, chanter, ce « premier objet de l'amour » que fut notre mère, ce corps immense, fantasmatique**, dont il a fallu se séparer dès la naissance. **Nostalgie de fusion,** désir de régression, **de retour au grand sein de la déesse mère…** Alors, des couples s'y perdent, tentent de retrouver avec un autre partenaire ce même élan passionnel, notamment si leur histoire personnelle les en rend dépendants psychiquement. Peut-être pourrait-on leur conseiller **la lecture d'une autre littérature**, les Céline, Kundera, Musil, Albert Cohen, qui dépoussièrent par l'ironie cette vision de la passion, forme de glue qui empêche la vie d'être en vie. Amélie offre un témoignage intéressant :

Suite à un désastre amoureux, j'ai découvert André Breton, la poésie surréaliste et sa notion du « court-circuit » liée à une rencontre « fortuite » qui change la vision qu'on a du monde. J'ai compris que « l'amour fou » est au jour le jour, à réinventer, dans la fantaisie, la créativité qui nous sauve de la vie quotidienne.

Oui, l'amour est bien du côté de la vie, il est solaire, il est énergie partagée, rires complices qui adoucissent les trivialités obligées de la vie quotidienne. Chacun, s'il aime, peut s'inventer en Gala et Dali, en y travaillant… Au fond, au lieu du romantisme mortifère, ne peut-on réinventer l'amour **en proposant une dose de sensualité et de sexualité assumée après les années 60 libertaires, une grande pincée de tendresse complice, du dialogue à entretenir,** le tout donnant des ailes pour continuer à s'accomplir à deux, et chacun dans ses réalisations ? Et pourquoi pas l'homme à la maison, comme John Lennon ? **À chaque couple d'inventer sa carte vitale du Tendre, ce qui implique de construire une liberté intérieure : prendre du recul par rapport aux clichés, oser écouter son intuition qui vous guide vers ce qui vous fait du bien**.

Le mirage de l'amour doudou, ce grand consolateur…

Parfois, quand la vie dans l'enfance et l'adolescence a dérapé, et que des échecs amoureux se sont répétés, **il arrive qu'un être tombe dans les bras d'un grand doudou à taille humaine, qui va venir panser ses plaies.** La base de cette relation amoureuse est alors chancelante, et **ne part pas de cet élan de désir passionnel**

nécessaire à la survie du couple, quelques années plus tard. Jérôme évoque son passé :

> J'ai vécu dans une famille problématique, où la langue de l'amour était le silence, l'évitement, la froideur. Mes parents ne formaient pas un couple, il ne se dégageait d'eux aucune complicité sensuelle. De même, ils n'avaient avec nous ni les mots, ni les gestes. J'ai longtemps erré amoureusement, rencontrant des êtres qui ne pouvaient pas vouloir de moi, empêchés eux-mêmes d'aimer. Puis, à bout de souffle, j'ai fini par tomber dans les bras d'une femme rassurante, qui m'a materné, choyé, dorloté, comme un enfant. Des années, j'ai été avec elle colérique, capricieux, comme un enfant. Progressivement, j'ai fait des choix qui m'ont écarté d'elle dans la vie quotidienne : j'étais absent, m'enfonçant dans le travail, rentrant tard, irascible quand j'étais là, jamais dans le dialogue, la complicité. Nous étions si différents. Je m'étais résigné à être ce qu'elle voulait que je sois. Vint le moment où j'ai pris conscience – tard –, que tout cela n'avait pas de sens, et j'ai été au bord de la déprime, du désespoir de vivre. Une personne m'a ressuscité. Sans doute étais-je prêt pour aimer vraiment.

Vient le moment où le sevrage psychique s'opère, entre culpabilité et peur, aspiration confuse à autre chose, à quelqu'un qui ferait sens, pour trouver la communion amoureuse. Temps de deuil intérieur qui s'opère. Se débattre ne ferait que déclencher, plus tard, le « retour du refoulé », avec les dégâts possibles quant à la santé physique et psychique. Quelqu'un vient souvent mettre fin à cet état de chaos, pour mettre sur le chemin d'une relation amoureuse plus accomplie, parce que la disponibilité psychique est là. **Ouvrir son cœur pour sentir, entrer en vibration, développer la créativité, écouter de la musique, pratiquer le yoga, la sophrologie, faire des massages, accepter des états de contemplation, prendre un temps pour soi dans son quotidien saturé, pour retrouver les sensations, l'intuition, les développer** : cela permet alors de **marcher vers un soi authentique**, **pour aménager le territoire de sa vie autrement**. Pour certains, il faudra faire basculer sa vie en préservant son lien parental, pour d'autres, il s'agira de vivre un espace personnel d'amour en forme de « vie parallèle », en déconstruisant la culpabilité, pour retrouver du sens, s'épanouir, mieux vivre sa vie de famille. **Se déculpabiliser revient à penser que chacun a trouvé son compte dans la relation de consolation** : le grand doudou qui materne ou paterne s'y est inscrit dans une position toute-puissante, qui lui a parfois évité de se confronter à la question de la féminité ou de la masculinité. Quant aux enfants, ils ont besoin, pour se construire, de parents heureux, en tant qu'hommes et femmes.

Hommes et femmes sous influence, ou le plaisir obligatoire

La relation amoureuse peut être malmenée, quand tout influence à consommer des corps mouchoirs : tel est le credo d'une société désorientée qui a mal intégré les retombées de la fin des années 60, où il fut « interdit d'interdire », pour secouer le cocotier d'une société conformiste et conservatrice. **Aujourd'hui encore, il faudrait consommer jusqu'à plus soif du sexe,**

du sexe ; malgré le SIDA, tu accumuleras les performances ; regardez donc les mannequins, les créatures virtuelles d'Internet dans les jeux vidéo, et autres poupées Barbie jetées à demi nues sur les affiches, dans les magazines… Cela rapporte gros financièrement. Alors, le sexe s'essouffle : il n'y a plus rien à désirer. Tout est « surmontré », hystériquement. **Saturation, donc, et panne sèche de libido**, le sexe a mal, c'est la débandade, il peine, se traîne, cherche à se rafistoler, de cabinet de psy en sexologue averti. Il est tenté par la bonne petite pulsion voyeuriste, pornographique, favorisée par la magique souris d'Internet. Camille Laurens illustre cette tendance dans son roman *Romance nerveuse*. Les aventures en forme de partouze et autres « fantaisies mentales » freudiennes ont été illustrées par Michel Houellebecq dans son travail de romancier, dans un rire en forme de « politesse du désespoir ». Il s'agit, coûte que coûte, de retrouver sa puissance en déroute avec le Viagra. Le sexe est un devoir, un « plaisir obligatoire », nous rappelle Jean-Claude Guillebaud. Écoutons aussi Gilles Lipovetsky, qui nous rappelle l'essentiel dans *Le Bonheur paradoxal* : « La satisfaction que l'on tire de sa vie sexuelle n'est pas seulement fonction du nombre d'orgasmes : elle est liée au désir de l'autre, aux liens de complicité, au charme de la séduction, à l'intensité des sentiments éprouvés l'un pour l'autre. » Et le désir, cela passe par le sevrage, l'attente, le travail sur la pulsion, qui nous pousse à vouloir tout, tout de suite… **Pour tisser du lien amoureux et conserver le désir passionnel initial, il faut se mettre à distance de ce que la publicité et la communication, font circuler comme**

message en forme de sirène trompeuse et culpabilisante. Apprendre à penser par soi-même : s'y autoriser, donc.

Aménager la pulsion de plaisir pour passer au désir

Rappelons les paroles fameuses de Lacan : « L'amour, c'est donner à quelqu'un qui n'en veut pas quelque chose que l'on n'a pas. » Ce serait donc **être prêt à jouer à la roulette russe, à prendre un pari, à se risquer, à s'offrir nu devant la mer**. Cela prend du temps, avant que la vague revienne du bout de l'horizon. Cela s'appelle passer de la pulsion au désir, qui prend son temps, avance patiemment, se construit. Humblement, car **Éros n'a rien à perdre, grand « corps cœur » prêt au don, il est juste en résonance, prêt à s'offrir et à recevoir le désir de l'autre** :

> Mon époux, quelques années après le mariage et l'arrivée de nos trois enfants, est devenu comme indisponible : il ne pouvait s'empêcher de séduire tous les jupons qui passaient par notre domicile. Il m'a avoué que c'était vraiment plus fort que lui. Il faut dire qu'il entretenait avec sa famille des relations compliquées : sa mère était possessive, elle avait eu bien du mal à accepter notre union, et mon époux se comportait vis-à-vis d'elle comme un enfant coupable, incapable de lui dire non.

Le témoignage d'Irène nous ramène à **cette idée de disponibilité psychique, de sevrage nécessaire : celui-ci est difficile, car il repose sur la jouissance immédiate**

à satisfaire à laquelle il faut renoncer. Cette évolution n'a parfois pas eu lieu durant la petite enfance et si, plus tard, l'adolescence n'a pu aboutir à se dégager de la famille pour aimer un autre, travailler sur son passé avec un spécialiste permettra d'aider ce passage**. Pour aider le partenaire, si les premières années ont été basées sur un élan passionnel réciproque, il faut faire fonctionner le manque, se mettre un peu à distance ; se faire désirer, montrer une certaine indépendance, éviter les crises, les reproches : ce sont des clés pour l'aider**, car cela revient à le mettre à l'épreuve, à tester l'authenticité de ses sentiments. **Le partenaire qui s'est engagé avec un être pulsionnel devra aussi s'interroger sur lui-même** : en quoi cela l'a-t-il arrangé, inconsciemment, de vivre une relation où l'autre ne peut être présent, dans le désir réciproque ? Peur d'aimer, de se donner, de s'engager, d'être confronté à ce qu'est être une femme, ou un homme. C'est toute son histoire personnelle qu'il faut interroger.

Séduire, avec ou sans la ceinture d'Aphrodite, à tout va...

Séduire par désir, si affinités et plus...

La séduction a évidemment sa place dans les commencements d'une relation amoureuse, et pour l'entretenir ; on sait d'ailleurs que **c'est la femme qui émet ce je-ne-sais-quoi qui fait sentir au partenaire qu'elle est disponible pour une rencontre** : sourires, résonance particulière d'une voix, regards en forme d'appel ; s'y ajoute l'indicible émotion qui se lit sur un visage que le trouble profond bouleverse, s'il ne s'agit pas que d'une attirance sexuelle passagère, mais d'un émoi amoureux. En face de ce regard qui se donne, il y a un corps d'homme dont les antennes invisibles sont comme des capteurs. **Scientifiquement**, le philtre d'amour magique bu par Tristan et Iseult ressemble à une recette de cuisine moléculaire dont les ingrédients sont connus : **odeurs qui rappellent quelque chose d'archaïque, du côté de l'enfance, à la Proust, et dans le cerveau, savant cocktail d'ocytocine, endorphines, dopamine**. Cette danse d'un clone d'Aphrodite, déesse de l'amour, peut mener, quand la personne est à maturité, à construire une relation amoureuse durable, en travaillant sur son couple plus tard pour le faire durer.

Séduire pour militer ou par symptôme

En revanche, la séduction à tout va, qui change de cible après l'engagement, ou est une fin en soi, ne relève pas du lien amoureux qui, comme son nom l'indique, relie, se tisse, s'entretient. Certains séducteurs ou séductrices comme Casanova,le marquis de Sade, Dom Juan ou Anaïs Nin, ou des personnages de Catherine Breillat, ont certes revendiqué de pouvoir vivre le désir en dehors des conventions qui assurent la reproduction de l'espèce. Évidemment, les « liaisons dangereuses » dénoncent parfois les oppressions, les prisons dans lesquelles l'être se trouve enfermé, loin de son « désir singulier ». **Pourtant, il arrive aussi que cela fasse symptôme**, qu'il s'agisse d'une forme de compensation, **de séduire pour exister, se rassurer**. Ces paroles d'Isabelle sont intéressantes :

Ma vie était en panne, je ne m'y retrouvais plus au travail, je n'avais de goût pour rien. J'ai connu alors une période d'errance, où je séduisais tant et plus, comme pour me prouver à moi-même que j'étais vivante, mais avec, au bout de la nuit, un sentiment d'insatisfaction, de solitude. C'est une remise en question professionnelle et un engagement pour une formation qui m'ont aidée à retrouver du sens.

Faire le point sur ce que l'on ne veut plus, sur les satisfactions et insatisfactions, se décider à oser réaliser un projet personnel pour transformer sa vie : autant de pistes à exploiter pour ne pas tout confondre... Enfin, **s'il s'agit de séduire parce que l'histoire fusionnelle avec un père ou une mère n'aura pas permis de se tourner vers quelqu'un d'autre**, il s'agira de conscientiser, voire d'entreprendre une thérapie pour comprendre à qui on reste inconsciemment fidèle, qui l'on n'a pu « trahir », pour grandir et vivre sa vie amoureuse librement. **Dans ce cas, l'appétit de séduction chronique permet de ne pas s'engager, d'être l'homme et la femme de tout le monde, c'est-à-dire de personne**...

ZOOM POUR ÊTRE LUCIDE : ÉPREUVES ET FRACTURES D'AMOUR, MODE D'EMPLOI

Des épreuves inévitables ?

Vie quotidienne, « mode d'emploi », quand cela lamine...

Toute relation amoureuse qui a débouché sur un engagement de vie est tôt ou tard confrontée aux « splendeurs et misères » de la vie ordinaire, avec ses contraintes, ses « éternels retours » de tâches à accomplir. **Mener en parallèle vies professionnelle, familiale, domestique, conjugale et personnelle, relève d'un exercice de danseuse de corde**. À chaque pas, le vide menace, le basculement vers le déséquilibre guette. Gageons que la force de faire durer, après trois ans, ce couple tiré à hue et à dia contre vents et marées tient à **l'authenticité des sentiments et du désir réciproque engagé au départ de la relation**, comme il en a été question lors des chapitres précédents. Sans ce socle d'amour profond, qui suppose une vraie disponibilité psychique, les années font voler en éclats le leurre rafistolé, bricolé, qu'est ce couple en forme de miroir aux alouettes. L'usure, ce serait parfois un symptôme qui parle d'un mensonge d'amour.

Affronter le miroir des questions qui dérangent

Si le quotidien devient infernal, il est aussi question de faire le point sur soi, d'affronter le miroir : est-on resté vivant dans sa propre existence, en dehors du couple, des enfants ? S'est-on ménagé une portion de temps, si infime soit-elle, cinq minutes de « désir singulier » pour une passion personnelle, ou a-t-on renoncé à soi et pourquoi ? **D'autre part, a-t-on été capable de se recentrer sur des valeurs authentiques de vie,** souvent plus simples que ce à quoi la société engage (du fait des profits juteux qu'elle en tire) ; autrement dit, la course effrénée qui consiste à exister par la consommation pulsionnelle entraîne à vouloir toujours plus de pouvoir, d'argent pour acheter des objets et encore des objets : « Avoir des quantités de choses, qui donnent envie d'autre chose, comme on nous parle » chante Alain Souchon.

À l'arrière-plan, on se souvient de tous les grands penseurs, comme Montaigne, qui nous ont engagés à ne pas confondre « la peau » et « la chemise », « l'avoir » et « l'être ». **Ce manque de recul est souvent lié à un besoin de reconnaissance, à une peur de ne pas exister, de ne pas être à la hauteur** : il est plus rassurant de faire comme tout le monde, pour montrer que soi aussi, on est dans « l'air du temps ». Même si, au milieu des dizaines d'objets *high-tech*, on est mort-vivant, fossilisé, sans harmonie, sans plus de temps pour soi ni son couple. « Bel esclave nu qui remue ses chaînes » devant son désir d'infini qu'est la mer, chante Claude Nougaro. Pensons aussi au texte de Georges Pérec, *La Vie mode d'emploi*, où un couple s'englue par conformisme dans les choses, dans la vie conforme à ce que dictent les modes et les tendances de l'époque. Éros prend alors une bonne claque…

Féminité en danger : la tradition reprend-elle du poil de la bête ?

Observons, comme le fait Élisabeth Badinter dans *Le Conflit. La Femme et la Mère*, le **parcours du combattant qu'est parfois – souvent ? – la vie de celle qui tente de vivre sa maternité**, aujourd'hui. Selon l'auteur, il y aurait à s'interroger sur les dangers que fait courir cette tendance actuelle au grand retour de « la femme du temps des cathédrales ». Sous prétexte de « naturisme » et d'une certaine attitude écologique, il faudrait recourir aux fameuses couches lavables, allaiter jusqu'à plus soif. Si on ajoute à cela le repli *at home* qu'ont généré les difficultés à trouver du travail, les problèmes pour en retrouver en cas d'interruption pour élever les enfants, le compte est bon : que de femmes échouées sur la grève de leur vie sacrifiée, sans réalisation personnelle, et donc frustrées… La vie amoureuse du couple, même si elle reposait au départ sur des bases authentiques, a très vite du plomb dans l'aile. Rappelons aussi ce que conseillait Françoise Dolto en son temps : **il vaut mieux une femme active, qui travaille et a une vie sociale, qu'une mère insatisfaite à la maison**. Ceci, autant pour la survie du couple, s'il en est un, que pour les enfants, qui risqueraient d'être dévorés tout cru en devenant des otages. **Se souvenir aussi que le destin d'un enfant est de grandir et de partir, qu'il ne remplace pas la vie de couple, et la vie de l'individu. Il n'est qu'un accomplissement parmi d'autres**. Ces paroles de Marie-Pierre sont éclairantes :

” J'ai réalisé, des années après avoir renoncé à moi-même pour élever mes enfants, qu'à leur adolescence il y a eu comme un grand vide. J'ai tenté de retravailler, sans satisfaction véritable, car ma formation ne me permettait pas d'accéder à l'emploi qui m'aurait intéressée. De plus, mon couple était en vrac, et j'ai compris qu'il n'avait pas démarré sur des bases de désir réciproque. Tout a éclaté. C'est une thérapie qui m'a permis de me remettre en marche, d'oser envisager une formation, et j'ai fini par demander le divorce, car notre couple n'allait plus dans la même direction.

Ne pas tout miser sur la famille, donc, comme régression qui évite de se poser des questions sur soi : penser aussi que s'engluer dans la maternité évite parfois de prendre le risque d'être une femme confrontée à la question du désir. Il y a toujours dans la vie, à un moment ou à un autre, un « retour du refoulé ». Autrement dit, on a toujours rendez-vous, tôt ou tard, avec ses bricolages de vie, quand les fondations du mur sont bancales. **Une place pour la famille, une pour soi, et une pour le couple, si l'amour est là.**

Apprivoiser Héra, Dame Jalousie, l'inévitable ?

Du labyrinthe de la jalousie… Combien de couples finissent par être croqués par ce Minotaure à la dent dure, pour des raisons qui parfois parlent d'autre chose. **Évidemment, la jalousie est une bête à plusieurs têtes, un peu comme une hydre**. Il suffit parfois de couper une tête pour qu'il en repousse une autre. **S'aider soi-même, c'est d'abord prendre conscience, pour réfléchir, et parfois accepter d'être accompagné par un**

tiers, un spécialiste (psychothérapeute, psychanalyste) qui aidera à terrasser la bête quand elle est maladive et menace le couple… Qui dit *jalousie*, dit le dictionnaire, suppose ce « sentiment douloureux que fait naître, chez celui qui l'éprouve, le désir de possession exclusive de la personne aimée. » Nous reviendrons sur cette idée d'exclusivité.

Projection, projection, vous avez dit projection ?

On pense au narrateur de la *Recherche du temps perdu*, de Proust, à ses souffrances masochistes vis-à-vis des femmes sur lesquelles il a projeté des sentiments passionnels : Odette, la grande mondaine, et Albertine qui échappe, double, ambivalente, femmes aux amours troubles. On sait que, derrière cette ambiguïté, il est question de l'homosexualité féminine, masque de l'auteur dont c'est l'identité. Dans ce triangle que forment l'amoureux, son élue, et le rival imaginé ou réel, il peut être, dans certains cas, question de projection, quand le sentiment de jalousie est une obsession durablement douloureuse. **Tout se passe comme si le jaloux était, inconsciemment, séduit par cette troisième personne fantasmée ou réelle, alors qu'il croit qu'elle cherche à attirer le conjoint**. Ce sont des problèmes d'identité sexuelle qui se jouent, sans que le jaloux en ait conscience : son « surmoi », ses interdits, l'empêchent d'avoir accès à son désir homosexuel latent, refoulé au fond de la cave. La vie de couple est alors un enfer au quotidien. Un travail thérapeutique peut permettre de faire remonter ces pulsions interdites, et d'en comprendre le sens : relation à la mère dévorante dans l'enfance, père biologique ou substitutif absent ou omniprésent, ambigu vis-à-vis de son fils, ou encore manque de lien maternel fort durant les premières années. **Histoires d'Œdipe, de complexe d'Électre non réglés, donc, qui se rejouent dans le couple.** Cette attirance « homosexuelle », inconsciente, non engagée, pourra être liquidée si elle est liée à des difficultés affectives de l'enfance réparées par un travail thérapeutique : le couple, s'il est authentique, retrouvera alors un souffle.

Vous avez dit jaloux ? Un fantôme du passé, corps en trop…

Répétons-le, l'être « malade de jalousie », nous dit Vincent de Swarte dans *Elle est moi*, est confronté à un corps en trop, réel ou imaginaire, qui vient s'interposer entre lui et l'être aimé. Il y a concurrence fantasmée ou agie, et peur **d'avoir à subir la disparition de l'aimé**. Histoire de fantôme qui s'évanouirait comme dans un roman de Marie Darieussecq. « C'est une réaction à une supposée perte de l'amour que l'aimé me portait et qu'il détourne au profit d'une rivale », nous rappelle le psychanalyste J. D. Nasio dans *La Douleur d'aimer*. Cela peut être comme une photo dont les contours viendraient se dessiner sous le produit révélateur : **cette conscience aiguë de risquer de perdre l'autre peut être le signe de l'authenticité de l'amour ressenti**. Certes. **Pourtant, il peut être question de rejouer une histoire ancienne de rivalité enfantine,** où l'on aura voulu papa pour soi toute seule, ou maman pour soi tout seul. **Et cela handicape fortement la vie du couple qui, pour rester vivant, doit aussi être alimenté par une vie amicale,**

sociale. Autrement dit, se rejoue le fameux triangle œdipien d'un désir interdit, l'un des « commandements », pilier de civilisation, étant de ne pas coucher avec un membre de sa famille :

> J'ai longtemps ressenti de la jalousie vis-à-vis de mon conjoint, que je croyais séduit par toute femme qui passait le seuil de notre porte et que je détestais très vite. Cela a tellement mis notre couple en péril que j'ai fini par consulter, afin de comprendre cette douleur vive comme un coup de couteau, qui finissait par des scènes de ménage épouvantables. Mon époux était à bout, et menaçait de me quitter. J'ai dénoué les fils, les uns après les autres, durant plusieurs années. J'ai fini par prendre conscience que se rejouait quelque chose de très ancien, remontant à ces années de l'enfance où j'avais eu le sentiment que mon père m'ignorait, ne me reconnaissait pas, n'en avait que pour ma mère et ma sœur.

Les paroles d'Émilie sont intéressantes. Là se trouvait enfouie la haine des femmes qui approchaient le conjoint, fantasmé comme le père indifférent ; la douleur de s'être sentie moins aimée que la sœur se trouvait alors réactivée, comme une cicatrice que l'on viendrait gratter un peu trop fort et qui se rouvrirait. Quand cette obsession est digne d'une colère de la Phèdre de Racine découvrant qu'Hippolyte, sa passion interdite, est amoureux d'une autre, il faut consulter pour **enquêter sur son passé personnel. D'une séance à l'autre, par les mots qui libéreront des émotions,** feront remonter des souvenirs, **les obsessions présentes prendront sens et aideront à désamorcer une**

souffrance qui fait symptôme. De ce fait, **une confiance en soi, et donc en l'autre, pourra se construire**. Le couple y retrouvera sa santé, **pourra s'ouvrir à nouveau aux autres, à une vie amicale et sociale. Dans ce cas, il faudra que chacun s'engage à nouveau pour réaffirmer, par les mots et les actes, le sentiment éprouvé.** Si « passé le premier aveu, *je t'aime* ne veut plus rien dire », dit Roland Barthes dans *Fragments d'un discours amoureux*, **il apparaît nécessaire de réaffirmer cet amour si le couple se transforme et veut continuer à rester vivant.** Enfin, il peut parfois s'agir d'une fin d'histoire basée sur un leurre initial.

Détestation jalouse par mésestime de soi

La jalousie peut aussi trouver sa source **dans une mauvaise image de soi, d'un sentiment d'infériorité rentré par rapport au partenaire, cet être qui paraît tellement plus accompli que soi**. Toute personne du sexe opposé qui l'approche est alors susceptible de déclencher la douleur, se traduisant souvent par des reproches, de la colère, la volonté d'isoler l'autre. Comme s'il s'agissait d'éviter le pire, d'avoir à se trouver abandonné à cause de quelqu'un qui serait vu comme possédant des qualités tellement supérieures aux siennes. C'est l'histoire de Lol, dans *Le Ravissement de Lol V. Stein*, de Duras : elle est subjuguée par l'apparition de celle qui va lui enlever son partenaire. Alors elle regarde, sidérée, elle épie, puis elle se terre, s'endort à la vie, comme si elle se retirait, telle une morte vivante. **Finalement, il est question de s'interroger sur les fondements du couple** : l'autre n'a-t-il pas été attirant parce qu'il offrait narcissiquement **l'image de ce qu'on aurait voulu pour soi**, et qui n'a pas été réalisé ? **Le partenaire n'a-t-il pas permis de vivre par procuration, à l'ombre, une vie, des projets qu'on n'aurait pas pu faire aboutir – faute de confiance en soi**, faute à une famille, père ou mère écrasants ? Ce sont ces questions qui peuvent aider ceux qui sont dans l'impasse d'une jalousie telle qu'ils condamnent leur partenaire à la souffrance de l'isolement. **Les symptômes, là aussi, sont les scènes, les reproches, la colère, voire le chantage**, et les pressions poussant l'autre à se culpabiliser. « Qu'est-ce que j'ai fait pour mériter cela », murmure Vincent, anéanti après des années d'enfer conjugal. Avec les conséquences malheureuses que cela engendre pour les enfants, en termes d'épanouissement personnel, d'image du couple parental, et d'avenir affectif. **Évidemment, c'est en se retournant sur son passé familial que des clés s'offriront pour comprendre les situations qui ont empêché d'oser développer ce qu'on était**. Le partenaire n'aura été choisi que comme faire-valoir, compensation, qui évite le rendez-vous avec soi-même. Pouvoir se reconstruire, s'estimer mieux, prendre confiance en soi et se mettre en projet : cela revient souvent à engager un deuil, celui de l'amour, de la reconnaissance des parents qui ont pu manquer ; du moins cela a-t-il pu être ainsi ressenti. **Prendre conscience que le petit enfant en souffrance se réveille dans la jalousie, faire remonter les émotions négatives par la créativité,** dans un face-à-face avec un spécialiste, **ou par un travail sur le corps, le ressenti,** pour apprendre à transformer, et à pardonner : autant de pistes pour évoluer, et transformer peut-être la relation amoureuse, si elle est basée sur l'amour réciproque. Le partenaire peut aussi n'avoir été qu'un passeur.

Le couple face aux autres, pansement ou ode à la vie ?

« Des bateaux j'en ai pris beaucoup, le seul qui ait tenu le coup... »

La relation amoureuse, pour rester vivante, doit se nourrir de la dynamique individuelle des partenaires et d'un regard à deux tourné vers des projets à partager. Cette alimentation relève aussi de son ouverture sur les autres : un couple vivant a le sens du partage rabelaisien du pain et du vin, de la « dive bouteille » offerte sous une tonnelle. Ce sont des rires partagés, au grand banquet de l'amitié avec d'autres couples, avec les amis fidèles et autres copains à la Brassens, pour célébrer de façon hédoniste la joie d'être en vie. Quel bonheur que ces rituels où la conversation, la gastronomie et les rires se mêlent, lors de ces retrouvailles solaires qui scellent des attaches certes différentes, mais aussi fortes que celles qui unissent à la famille. Le couple, parfois, ne « choisit pas sa famille » mais « choisit ses amis », pourrait-on dire, pour revisiter une chanson bien connue. **Amitié partagée, haut lieu de régénération d'un couple soudé dans une intimité forte**.

Les autres, ce pansement pour une intimité de misère

Il arrive parfois que la relation amoureuse qui tangue noie son chagrin en brassant tant et plus amis, copains, réseau, dans un jeu vertigineux d'entrée et de sortie de scène digne d'un ballet qui finit mal. Parfois, l'autre devient source de désir, la confusion s'opère, les couples se défont, il y a comme un remaniement dans l'air. Élisabeth se souvient :

> Mon époux, qui travaillait dans la communication, faisait défiler à la maison relations, réseau, copains de longue date, amis, collègues parfois seules ou séductrices, sans interruption. Certaines saisons, il y avait toujours quelqu'un chez nous le soir, ou bien cela se passait chez les autres, au restaurant. Il nous arrivait de ne pas nous voir en tête à tête de la semaine, week-end compris. Un jour, j'ai découvert qu'il avait une liaison depuis des années avec une collègue de travail. Nous avons fini par divorcer. Notre couple ne fonctionnait pas, depuis le début, sur des bases d'intimité et de réciprocité.

Ces mots sont édifiants. Il faut avoir à l'esprit qu'ouvrir sa porte au monde est évidemment un pari un peu pascalien : le temps qui passe, le quotidien en forme de rouleau compresseur peuvent venir éteindre progressivement les forces vives du couple, s'il n'entretient pas le lien. **Dès ce moment, l'autre représente la porte ouverte à tous les dangers, notamment s'il s'agit de ne pas regarder en face que la relation est en panne**. Dans ce type d'ouverture permanente aux autres, il est question de *déni* : c'est une façon d'échapper aux questions demeurées sans réponse, dans une relation qui s'essouffle et dont les bases sont bancales. **Un couple sans intimité n'en porte que le nom**. S'il se transforme en bureau d'accueil des relations publiques érotiques, c'est qu'il bat de l'aile… **Bon indicateur, donc, que cette donnée pour poser un diagnostic sur la santé du couple**. L'explosion se produit tôt ou tard…

Temps de fractures, quand cela tourne court, ce qui arrive…

Vent d'infidélité, une épreuve de vérité

Une revendication politique et philosophique ?

On sait que cette question prend tout son sens relativement à une époque, aux idées qu'elle draine et qui mettent les hommes et les femmes « sous influence ». Les milieux sociaux aussi ont leur importance, et il est question parfois de manifester autre chose, un malaise, par un acte qui vient entamer une sorte de « contrat » moral : **être infidèle, dans des groupes intellectuellement évolués, ce serait un acte quasi politique** ; transgresser, désobéir, faire un pied de nez à l'ordre social, revendiquer une autre place pour la femme. Pensons à cette « liberté du XVIIIe siècle » dont nous parle Sollers, qui a débouché sur les idées des Lumières, utérus fécond de la Révolution française en marche. Des « liaisons dangereuses » à Casanova, ou aux revendications féministes de la fin des années 60, il est question d'exister autrement qu'en fonction du modèle traditionnel qui fait de soi un être engagé à reproduire et reproduire les conventions. Certes.

Vouloir être fidèle ou pouvoir l'être ?

Pourtant, dans la vie quotidienne du couple, elle fait parfois symptôme. La fidélité, quand le couple a construit, d'un fil à l'autre, le tissu solide d'une intimité reposant sur un désir partagé, est possible. Il peut arriver, les années passant, de se sentir troublé par un autre corps, et cela n'engage pas forcément l'émotion, les sentiments, le cœur. Il n'y a pas lieu de se culpabiliser pour cela. Au fond, la véritable infidélité serait celle du cœur qui palpite ailleurs et entame mentalement, de façon insidieuse, le couple se défaisant au jour le jour – signant son arrêt de mort. En actes ou en pensées – **certaines infidélités se manifestent par toutes sortes d'absences, de fuites en avant –, elle signifie que les êtres mis à l'épreuve ne s'apportent plus mutuellement ce qui leur permet de se développer. Ils ne sont pas dans une expansion radieuse, joyeuse, vivante, de soi et de ce « nous deux » formé par un couple complice. La fidélité** est donc une volonté désirante, c'est un travail menacé par la vie ordinaire, mais qui tient la route, **quand l'amour authentique** fut au rendez-vous des premières années. Si la réparation fut la base, l'infidélité peut être le symptôme d'une sorte de fin de cycle : le partenaire qui s'est accompli est parfois prêt à vivre une relation amoureuse plus mature, ailleurs. **Nous reviendrons plus loin sur la façon dont celui ou celle qui souffre de l'infidélité,**

voire de la séparation, peut rebondir. Enfin, il arrive qu'un être soit prisonnier de son passé familial au point de ne pas pouvoir honorer cet engagement du cœur, officiel ou non, du choix fait de donner une sorte d'avantage particulier, de corps et de cœur, à son partenaire :

> J'ai compris, quelque temps après mon mariage, que je n'allais pas pouvoir tenir ma promesse de fidélité vis-à-vis de celui que j'avais épousé. Ce fut plus fort que moi. Nous avons eu un enfant très vite et quelques années plus tard, j'ai trahi mon époux, en vivant une passion qui m'a laissée sur le flanc. Il faut dire que mon partenaire me reprochait d'être trop engluée dans ma famille, de ne pas pouvoir m'empêcher de leur téléphoner chaque jour. Nous avons mis du temps à reconstruire une vie à deux. Une thérapie m'a permis de construire une autonomie, de grandir, pour pouvoir construire une intimité. Heureusement, nous nous étions rencontrés sur un désir réciproque.

Ce témoignage de Catherine rappelle à quel point **l'indépendance et la disponibilité psychique sont les clés d'un avenir d'engagement profond possible avec un être extérieur à la famille**. Certaines formes d'infidélité ne sont parfois que des symptômes de liens trop forts, non dénoués, avec un père ou une mère qui n'auront pas aidé à se séparer d'eux. **Ils sont une façon de rester fidèle, par culpabilité inconsciente, à un membre de la famille. Le fait d'en avoir conscience, et de décider de travailler sur son histoire peut aider à gagner une liberté intérieure**. Enfin, rappelons que certaines infidélités sont des miroirs qui renvoient à des **insatisfactions personnelles, à une vie en panne en tant qu'individu**

mécontent de lui-même, ou encore qui doute de lui-même, **se mésestime** et tente d'exister dans le regard des autres par la séduction parfois consommée. C'est alors **sa vie individuelle qu'il faut apprendre à faire redémarrer,** en s'interrogeant sur ses désirs propres, ses attentes, ses peurs d'oser. **Se mettre à l'écoute de son désir de transformation est précieux, en se dégageant du regard des autres, et en osant se mettre à découvrir sa voix intérieure, son intuition**.

Séparation, divorce : ne pas se tromper sur soi-même, ou s'être trompé ?

« Ne me quitte pas, il faut oublier, tout peut s'oublier, qui s'enfuit déjà… » Ainsi chantait Jacques Brel… Pour qui sonne le glas de l'amour en lambeaux… On sait qu'aujourd'hui, le mariage n'est pas l'illustration de la formule des contes de fées : *Ils se marièrent, ils furent heureux, et eurent beaucoup d'enfants…* Sans mariage, « accomplissement de la femme » à Athènes sous l'Antiquité, nous rappelle Georges Duby et Michelle Perrot dans *Histoire des femmes en Occident*, pas de salut, et à l'horizon, la maternité, et « le repos du guerrier » à assurer. Aujourd'hui, la donne a changé, Pacs, union libre sont possibles, les femmes travaillent.

Même si, à notre époque marquée par la précarité économique, l'inégalité des traitements et le retour de la femme-objet menacent leurs acquis, ce sont elles qui demandent le divorce, pour la grande majorité. On sait aussi que le stress, le manque de confiance en son partenaire, la peur de l'autre – à condition qu'elle ne repose pas sur la peur de soi –, sont des antidotes à la prolongation d'une vie à deux. Qu'est-ce qui fait donc qu'on en arrive à **cette séparation**, du mot latin « *divortium* » ? Tentons de séparer le bon grain de l'ivraie. La question brûlante des enfants est évidemment au cœur de cette déchirure. Remarquons que si le divorce est engagé, il est question d'absence d'épanouissement, et que **chacun a sa part dans cet échec du lien amoureux délié, dénoué.**

Accompagner les douleurs des enfants

On sait que les ruptures qui interviennent durant la période de l'Œdipe sont très délicates à gérer : l'enfant est à ce moment-là une éponge qui s'imbibe de la manière dont ses parents s'aiment, et il construit aussi son identité. En fait, à tout âge, ils vivront douloureusement ce tremblement de terre intérieur que constitue un divorce : le socle, soudain, se dérobe. À un moment où ils accèdent parfois à leur propre exploration sexuelle, ils se trouvent confrontés à la vie intime de leurs propres parents, ce qui brouille les repères, met en concurrence. **Pourtant, il est possible d'accompagner cette douleur affective, si les partenaires sont capables de rester reliés quant à leur parentalité**.

Lorsque le sentiment amoureux n'est plus, que le couple est délié, il faut rassurer les enfants**, en leur expliquant que ce n'est pas leur histoire, et que leurs parents seront toujours leurs parents**. Ils doivent entendre qu'ils ne sont en rien responsables de ce qui arrive. Les mots prononcés expliqueront, simplement, qu'il n'est plus possible de poursuivre une vie commune, mais qu'eux,

les enfants, sont le résultat d'une relation amoureuse ancienne, et que **l'important, c'est qu'ils existent**.
Les choses se compliquent lorsque le partenaire, souvent celui qui est quitté, n'assume pas la rupture, et prend en otage les enfants en offrant du conjoint une image dévalorisante. **Rappelons que l'essentiel est de ne pas charger l'autre parent, de ne pas instrumentaliser les enfants en l'accablant de tous les maux**. Sinon, il devient alors un fardeau, psychiquement parlant : le jeune va inconsciemment porter les sacs de souffrance du parent délaissé, devenir, en quelque sorte, son mari ou sa femme de substitution, son protecteur. De fait, son évolution personnelle sera alors arrêtée, il sera détourné de son destin et souvent amené à faire des choix à l'aveugle.
On rappellera donc que dans de tels cas, le partenaire qui se sent abandonné et se comporte de façon toute-puissante (chantage, violence, demande démesurée de compensation financière) devra entreprendre un travail thérapeutique : se réparer, comprendre que l'abandon ressenti vient rouvrir des blessures, retrouver une meilleure estime de lui-même, accepter ce qui a lieu, pour pouvoir remettre sa vie en route. Nous y reviendrons.

S'extraire d'un socle bancal pour se mettre à vivre

Il arrive que le divorce soit la conséquence logique d'un choix qui a reposé sur des bases non authentiques. **Lorsque deux êtres s'unissent de façon aveugle, portés par leur inconscient et leur immaturité psychique**, la vie leur présente tôt ou tard la note. Cela pourrait se résumer par la formule bien connue du « retour du refoulé ». On a évoqué ces cas de couples en forme de chantier ou d'atelier de pansement, où l'un est l'infirmier ou l'infirmière de l'autre qui a besoin de se réparer : tout se passe comme s'il s'agissait de continuer à grandir, à mûrir, parce qu'une blessure d'enfant ou d'adolescent a laissé des traces. Dans ce cas, ce n'est pas l'adulte qui désire aimer un autre adulte, mais l'enfant ou l'adolescent en soi qui choisit inconsciemment celui ou celle qui va protéger, panser, aider à rejouer des étapes. Vient le moment de la cicatrisation. Rappelons une définition intéressante du mot couple, en mécanique : ce serait un « système de deux forces égales, parallèles et de sens contraire ». Au moment de la cicatrisation de ce passé enfantin qui a fait mal, donc, **l'un des deux dépose sa queue de sirène sur le sable, pour se mettre debout dans sa vie d'adulte**. Il se retrouve soudain à égalité face à son partenaire. Parfois, s'il y a eu complémentarité et ressemblance, élan passionnel et désir réciproque vécus durant les premières années, ce couple bancal peut se reconstruire ou, dirons-nous, se construire. **Il arrive souvent que celui ou celle qui a réparé ait trouvé son compte dans cette fonction-là,** qui lui assurait le sentiment illusoire d'une toute-puissance basée sur un sentiment d'infériorité rentré. Il perd alors ses repères, car il a une mauvaise image de lui-même. La colère, la mauvaise foi, la culpabilisation, sont au rendez-vous pour faire plier l'autre, le soumettre, même si cela n'est plus possible. Il n'y a plus de couple, parce qu'il n'y en a jamais eu vraiment. **Ni l'un ni l'autre des partenaires ne s'y retrouve plus, puisque l'enjeu n'était pas l'amour à partager, en tant qu'adulte qui s'engage pour se**

donner et construire une intimité profonde. Seule reste, pour celui qui se sent floué, l'énergie de la destruction de celui qu'on pense avoir construit et qui vous devrait tout. **Pourtant, le partenaire réparateur aurait intérêt à se questionner sur ce qui l'a conduit à jouer les mentors**, le chef d'orchestre de la vie de l'autre. **Il lui faudrait s'interroger sur son manque de confiance, d'estime, qui l'a empêché de s'accomplir lui-même**. Il est plus facile de prendre quelqu'un en charge que de décider de se mettre en vie soi-même, en s'en donnant les moyens, par un questionnement personnel.

Toute-puissance confortable, redoutable du partenaire qui répare...

Le divorce signe alors la fin d'un cycle. C'est une séparation qui vient confirmer qu'il n'y a pas eu de couple au sens propre du terme, mais frustration personnelle inconsciente et fascination mêlée d'envie pour ce qu'est l'autre. Hervé a des mots réalistes :

> J'ai vécu quelques années terribles avec ma partenaire, qui était dans la plainte continuelle, pour qui rien n'allait jamais dans sa propre vie, alors qu'elle avait, j'en ai pris lentement conscience, joué pour moi le rôle d'une mère réparatrice. Elle avait eu sur moi un ascendant qui faisait que je la laissais décider de tout, m'étant livré à elle après des histoires de passion impossibles et douloureuses. Je subissais donc comme un enfant blessé, acceptant ses pansements qui m'ont quelque temps apaisé, sachant obscurément que l'élan passionnel n'était pas là. Elle était elle-même insatisfaite, inaccomplie, s'étant comme réalisée à travers moi, en

vivant par procuration. Des enfants sont nés. Progressivement, je me suis trouvé enfermé dans une vie où je ne pouvais plus être moi-même, fréquenter les gens que j'aimais, mon épouse devenant de plus en plus jalouse, exclusive, faisant scènes et reproches, me rabaissant, au fond ne s'aimant pas elle-même. La vie est devenue un enfer. J'ai alors fui dans le travail, dans une passion platonique en forme de fantôme de survie. Je suis arrivé un jour à saturation, sans plus de sens, au bord de la dépression. Quelqu'un a alors surgi. Évidence d'amour pour une renaissance de Phoenix. J'ai senti que j'allais pouvoir retrouver cet élan de vie que seul donne l'amour, cet inexplicable sentiment. Cela ne fut pas sans culpabilité que j'ai reconstruit ma vie, avec du temps, en préservant les liens avec mes enfants qui, malgré la douleur, ont trouvé un équilibre. J'ai dû affronter une période de culpabilisation, de mauvaise foi, de violence psychologique.

Quand l'union a reposé sur des partenaires trop en décalage, mal assortis, sans passion initiale ni intimité profonde, **le divorce est alors une délivrance : il permet de remettre sa vie en mouvement, à condition de préserver les liens parentaux qui permettront aux enfants de comprendre qu'ils sont toujours aimés par leurs parents**. Ils seront aussi soulagés de les voir s'épanouir en tant qu'homme et femme, de ne plus être les spectateurs d'une relation de couple déséquilibrée.
La condition est que le partenaire qui se sent abandonné ne les prenne pas en otage, ce qui est le cas quand il ne peut pas être honnête avec lui-même et se remettre en mouvement. Le conjoint qui s'en va devra **avoir alors préparé** l'autre à sa décision de rupture et

l'accompagner humainement, **en l'encourageant à se faire aider par un tiers**. Sur les cendres déposées pousse alors la vie, et Éros lance sa flèche, il est là « au bon moment », il y a alors la « bonne personne » que l'on est prêt à entendre, à voir, pour entrer en résonance et vivre un amour mature. On ne rencontre que ce pour quoi on est prêt, en fonction d'une nouvelle disponibilité psychique. **Déconstruire la culpabilité d'avoir à déposer son ancienne peau consiste à accepter d'enlever à son partenaire réparateur, dans la relation ancienne, cette « tendresse » freudienne** qu'un adolescent doit retirer à ses parents, au moment du choix pour un autre être que la famille… Cela prend du temps, **cela passe par une acceptation intérieure progressive, qui permet que se fasse un deuil psychique**, le temps d'un passage d'une vie ancienne à une vie d'adulte plus mature. Le papillon est passé par la chrysalide. **Il faut se préparer à ne pas tomber dans le piège du sentiment d'être redevable** (chantage, menace, mauvaise foi, plainte, violence psychologique, physique), **souvent tendu par un partenaire tout-puissant,** parfois à tendance perverse narcissique, **pour tuer l'élan de vie** de celui qu'il considère comme sa chose, sa propriété**.** Tuer l'autre, cet albatros fascinant, vouloir le dominer, par dépit de n'être pas ce qu'il est. Sans cette chose, il est renvoyé à son vide, à lui-même, à devoir se construire, ce qui le terrifie. Celui qui s'en va évitera aussi d'accabler le partenaire de sa culpabilité, ce qui pourrait renforcer les réactions de violence, chantages au suicide, aux enfants, à l'argent. **Aimer, ce n'est pas posséder, ni assujettir l'autre, ni se conduire en partenaire transformé en « parent**

terrible ». Souvenons-nous de l'histoire de la mère terrible de *La Ménagerie de verre*, de Tennessee Williams, qui harcèle son fils qu'elle ne veut pas lâcher**.** Au fond, la vie est dure, mais c'est la vie : on ne doit rien à personne, si ce n'est le respect de l'autre, de sa dignité. **Se sacrifier, parce qu'on vous conditionne à être reconnaissant, ce serait ne pas respecter la vie, ni soi, ni les enfants dont on est responsable**. Ce serait tuer sa vie, et handicaper la vie affective des futurs adultes que sont les enfants, ces éponges. Freud nous rappelle que les secondes unions sont parfois plus heureuses que les premières… Question d'amoureux matures prêts à aimer.

Le divorce comme fuite, ou l'économie d'une enquête sur soi-même

Bien différents sont ces cas de divorce où quelqu'un décide de refaire sa vie **pour éviter le face-à-face avec soi-même,** ses empêchements à s'engager, à se donner, ou encore à se transformer lui-même pour transformer son couple. Nombre de divorcés rejouent d'ailleurs la même histoire, sur une autre scène de la vie, avec un autre partenaire : en effet, ils n'ont pas réglé leurs comptes avec eux-mêmes. **Le divorce est alors un faux-fuyant**, une manière de s'esquiver, de s'arranger avec soi-même, et de remettre à demain, plus tard, parfois jamais, ce rendez-vous à prendre avec son passé, son enfance, sa vie. L'arrivée des enfants peut être un détonateur en forme d'explosif, qui chasse l'un des partenaires de la place qu'il convoitait pour lui-même dans son couple. La fuite en avant, quelquefois l'infidélité, ou la tentation du divorce, sachant que la blessure d'enfance (s'être senti mal aimé, ou encore avoir été victime d'un parent possessif) restera vivante. Pensons aussi qu'il est parfois question de revivre, comme si on y avait été programmé, ce qui s'est joué dans la famille. Le roman de Dan Franck, *La Séparation*, en offre une illustration intéressante. Au moment où il quitte sa femme, il pense à son père : « À son père, qui s'était séparé de sa mère dans des circonstances exactement semblables ». Simplement, il introduit une variante, pour éviter à ses enfants le traumatisme des mots prononcés par le père disant qu'il ne reviendrait peut-être jamais. Il se contente de les embrasser « légèrement », et de partir sans valises. Autrement dit, si la séparation est inéluctable, elle peut se jouer autrement, pour préserver les enfants. **Il faut donc prendre conscience de cette programmation inconsciente en réalisant que chaque individu est une personne singulière**, avec des acquis qui peuvent modifier l'inné : **il s'agit de ne pas rejouer, à son insu, l'histoire parentale, qui serait une façon de lui rester fidèle**. Enfin, il arrive qu'une séparation se produise malgré la conscience de cette « programmation », parce que l'histoire d'amour n'en était pas une. Dans ce cas, il ne s'agit pas de rejouer autrement une histoire de séparation familiale, mais de marcher vers son destin d'être vivant et libre.

N'avoir pas renoncé à soi pour entretenir la flamme…

Rappelons par ailleurs que faire tenir le couple **revient à être d'abord vivant dans sa propre vie d'individu,**

à rester en projet, pour soi, et à deux, en entretenant une complicité née durant les premières années. Cela suppose parfois **de prendre conscience de ses peurs qui cachent une envie de transformer sa vie professionnelle, de s'adonner à une passion personnelle, de « devenir soi-même »**. Une fois ces peurs débusquées, **il faut reconstruire la confiance en soi, qui passe par l'estime de soi : celle-ci suppose des actes, concrets, sur lesquels on peut s'appuyer**, comme on monterait une marche, puis une autre, en s'apercevant qu'on en est capable. Passer à côté de la tentation du divorce, c'est aussi n'être pas là où on vous attend et, si le désir authentique est là, c'est avoir envie, toujours, de surprendre l'autre : **prendre le temps, malgré la vie quotidienne, les enfants qui accaparent, d'entretenir ce sacré désir**, **par des moments volés, gratuits, rien que pour être à deux**. Nombreuses sont les personnes qui renoncent à l'autre, passé les premières années de désir passionnel, cherchant à retrouver ce temps intense de « tramway nommé désir ». **Rappelons que les scientifiques ont parfaitement mesuré que, trois ans après la rencontre, nos cerveaux d'amoureux ne sont plus sous le choc en forme d'arc-en-ciel des hormones du désir**, et que l'attraction physique est donc différente. C'est **donc un vrai travail que de s'atteler à alimenter cette intimité construite**, sachant que si elle n'a pas été, le couple aura toutes les difficultés à la réinventer.
En effet, le sentiment d'amitié fraternelle ne suffit pas pour donner un avenir au couple.

”

Faire face à la séparation, après la déchirure…

Il va de soi qu'une rupture engagée, quelle qu'en soit la cause, laisse des traces, et vient souvent réveiller une souffrance ancienne, enfouie au fond de la grotte de notre passé affectif. **Toute séparation intervient comme une « petite mort »**, avec ses conséquences en termes **de remaniement psychique**. Il y a **ces étapes obligées**, par lesquelles chacun passe, avant que puissent s'engager une acceptation, un deuil psychique, puis une renaissance par la transformation du lien ancien. L'autre s'en va, et son absence physique ouvre un vide abyssal en soi. Temps de **sidération**, où tout se passe comme si celui qui est quitté **se mettait en boule pour accuser le coup**, faisant le dos rond. Vient le moment où la **morsure attaque le ventre, le cœur et la gorge**. Dans le lit, il n'y a plus personne, là où la main cherche le corps disparu, en cette première seconde irréelle du réveil. Puis il faut se raccrocher à l'idée que non, vraiment, c'est impossible, **ce n'est qu'une illusion**, dans une seconde, dans une heure, la vie reprendra comme avant. Plus tard, dans le trou sombre que l'absence qui fait rage creuse encore et encore, **les émotions remontent**. Elles font sauter le barrage, avec leur cortège de larmes, de sentiment d'anéantissement, de désespoir qui fait s'accrocher au téléphone, pour savoir pourquoi, s'il y a quelqu'un d'autre…

Et ce **quelqu'un d'autre fantasmé devient cette image qui vous habite**, oui, il (ou elle) vous aura été préféré, quelle nouvelle en forme de coup de tonnerre ! Vous lui inventez alors un corps, une voix, et **cela vous annule, vous écrase, et puis vous le haïssez pour vous ressentir vivant**. Vous n'êtes soudain plus personne. **Annulé, d'un trait noir, sur la dernière page d'un roman d'amour qui s'achève**. Alors, en Héra prenant Zeus en flagrant délit d'infidélité, la colère, la jalousie, le ressentiment et l'envie de se venger incendient la tête. Une ou deux années sont nécessaires pour que cette douleur de l'abandon se transforme, par le travail inconscient du deuil psychique qui permet de renaître, de se remettre en projet. **Si la personne reprend en pleine face tout un passé affectif douloureux**, et que la blessure ne se cicatrise pas, **il est question d'un deuil pathologique**. **Comment, alors, travailler au deuil de l'amour perdu** ?

Comment ôter la racine d'un mal qui arrange ?

Si l'on relit Ovide, dans *L'Art d'aimer*, il invite à « désapprendre l'amour ». Au programme : ne pas s'enliser dans l'isolement, se couper intégralement de l'autre, en s'appuyant sur ce pansement réparateur du temps pour trouver l'apaisement, l'autre sortant finalement du cœur, par la force de « l'habitude ». Certes. Et pourtant, il arrive que la brûlure de l'amour perdu dure tant et plus, comme s'il s'agissait d'un kyste invisible traduit par **un affreux sentiment de manque, d'angoisse et une pensée fixe, qui empêchent toute évolution**. Pire, il y a parfois comme une sorte de **ravissement douloureux**, seul plaisir qui reste, se repaître de l'absent, comme s'il était toujours là. C'est un peu comme si on avait décidé de ne pas le laisser partir, **dans une**

attitude infantile toute-puissante. En fait, **cette tendance mélancolique** repose sur des **souffrances anciennes qui reprennent vigueur** : autrement dit, ce sont comme des fantômes qui ressurgissent lors de cette perte non liquidée de l'amour disparu. **Le travail de deuil psychique est comme bloqué, empêché.** Il faut alors envisager de faire le point sur son passé personnel en se faisant aider par un professionnel. On peut tenter **d'établir une sorte de bilan par le jeu des questions et des associations** : qui, en moi, fait durer cette douleur qui m'empêche de me remettre en vie ? L'enfant ou l'adolescent encore en souffrance, et qui refait surface ? Suis-je prêt à regarder en face les douleurs ressenties durant l'enfance, dans la famille, (sentiment d'abandon, d'avoir été délaissé ou mal aimé) ? Vais-je m'autoriser à exprimer ces émotions négatives par la colère, à me déculpabiliser pour pouvoir accepter ce qui fut, et marcher vers le pardon – seule possibilité de libération ? Accepter, **aussi, de se laisser traverser par la tristesse,** cet état qui annonce qu'autre chose est en marche, une forme de renaissance, nous dirait Rilke. **Ces questions peuvent être écrites, vécues dans le cadre du psychodrame, d'une pratique de théâtre,** énoncées lors d'un travail thérapeutique ; **sublimer par la création artistique est une voie féconde**. Il s'agit en fait de s'engager vers un travail de deuil du sentiment d'un manque affectif familial, pour se remettre en vie. Prendre conscience qu'à chaque étape importante de notre vie, nous rejouons tous cette première séparation primordiale du moment de la naissance.

Rester accroché à son mal d'amour ou quelques ruses de l'inconscient…

Errance amoureuse, ce pansement du désespoir mélancolique

En Sisyphe du sentiment, il s'agirait de pousser le rocher des amours impossibles, sans fin. De nombreuses personnes, après une histoire d'amour en vrac, paraissent comme condamnées à rejouer la même histoire : c'est comme si elles étaient restées prisonnières d'un fantôme d'amour, d'une illusion en forme de mirage qu'elles tiennent inconsciemment serrée au fond d'elles-mêmes. Dans cette douloureuse étreinte magnifiquement romantique, elles sont donc indisponibles. **Tout se passe comme si le processus du deuil psychique de l'amoureux disparu ne s'était pas mis en route**, ou bien était resté figé, comme une stalactite du cœur. La solitude, ou encore l'errance amoureuse, sont une manière de rester fidèle à ce cadavre d'une passion non décomposée. Consciemment, ces personnes peuvent se plaindre de faire des rencontres qui les mènent toujours dans l'impasse. À chaque fois, c'est comme s'il s'agissait de rejouer un même scénario d'une histoire condamnée d'avance. Il faut comprendre que, derrière le traumatisme de la perte qu'a constitué la rupture, est embusqué un autre personnage symbolique dont on n'a pas toujours décroché : père, mère, frère, sœur, vis-à-vis desquels les relations auront été placées sous le signe de la défaillance, ou du non-sevrage. Autrement dit, dans ce jeu de masques à l'italienne, **il est question de rester fidèle à un personnage familial, auquel**

l'amoureux disparu fait écho. Petite ruse de l'inconscient : **les mois, les années ont beau passer, on reste accroché à un temps affectif très ancien qui, même si cette idée peut déranger, arrange.** Alors, d'un corps à l'autre laissant sur le flanc, ou bien donnant l'amer sentiment de ne mener à aucune communion, on mène sa vie amoureuse sans pouvoir se donner, s'attacher à un autre, tout en souffrant et en s'inscrivant dans une plainte paradoxale ; c'est le : « Je voudrais bien que quelqu'un m'attende quelque part » d'Anna Gavalda, telle « la petite musique de nuit », qu'entonnent ces prisonniers du passé affectif.

> J'ai passé des années à chercher désespérément à être aimée, après une rupture qui me cassa le cœur en deux. Aveuglément, je suis passée de bras en bras, de désastre intérieur en fiasco, me plaignant que tous les hommes étaient les mêmes, que c'était inutile de croire en l'amour. J'ai fini par entreprendre un travail thérapeutique, sans trop y croire. Il m'a fallu des années pour m'apercevoir que derrière ce visage d'homme dont je ne me remettais pas, c'était celui de mon père trop tôt décédé auquel j'étais restée accrochée, comme dans une étreinte mortifère. C'est un peu comme si je l'avais conservé, vivant, à l'intérieur de moi-même.

Les mots d'Anne-Marie illustrent ces cas de mélancolie et de « névrose de l'échec » : se remettre en vie, en mouvement, cela suppose de pouvoir mettre en marche le processus du deuil psychique pour en finir avec « la douleur d'aimer » dont parle le psychanalyste Nasio. **Apprendre à accepter la perte physique qui a constitué un traumatisme ancien passe par une sorte de**

décongélation des émotions retenues prisonnières : colère, désespoir, haine et tristesse. Il s'agit de mûrir, de ne plus se comporter comme un enfant qui se crisperait sur sa chose, pour la garder pour lui tout seul, même si la réalité l'engage à laisser le doudou au fond du lit pour aller à l'école. **Cet accès aux émotions enfouies**, **puis au pardon**, peut se réaliser dans **des psychodrames**, **un travail individuel ou collectif – constellations familiales –, qui font rejouer des étapes anciennes de la vie, pour parvenir à les dépasser, à transformer la relation avec la personne disparue.** La pratique de l'acupuncture peut aider à travailler autrement les problèmes de dépendance affective. Il faut parvenir à l'acceptation, à l'adieu qui fait que cet être sera désormais à la bonne place, et n'empêchera plus cette « joie de vivre » qu'est l'amour, d'exister.

• Ô virtuel, mon mirage d'amour qui me rassure...
Les relations virtuelles, sous quelque forme que ce soit, sont parfois un pied de nez de nos inconscients, lourdement chargés d'histoires familiales non réparées : on peut en effet, après une rupture amoureuse qui a laissé des « bleus à l'âme », **panser sa plaie comme un animal blessé la lècherait**. Cela permet de ne pas laisser partir celui ou celle qu'on a aimé, de le conserver vivant contre son cœur lacéré. C'est une attitude de déni, qui revient à ne pas accepter la réalité qui fait trop souffrir et vient, comme nous l'avons dit, rouvrir une souffrance très ancienne dans la relation familiale. Quelles formes peuvent prendre ces relations virtuelles rassurantes ? La littérature nous a livré de belles pages de correspondances

épistolaires d'amants qui ont flambé au feu de la passion des mots échangés, sans que les vies, les corps entrent en intimité de fait. Parfois, cela arrive très tard, ou bien la séparation intervient très tôt : les lettres de Balzac à la belle étrangère Mme Hanska épousée si tard, celles de Diderot à Sophie Volland, sont des merveilles littéraires. **L'amour platonique, sorte de miroir en forme de mirage** où l'on se cherche soi-même pour réparer son image blessée dans l'enfance, ou bien rester fidèle à un personnage familial, est aussi **une façon de se tenir à distance de la relation amoureuse engagée**. La Béatrice de Dante, les Marie et autres Hélène des *Amours* contrariées de Ronsard, la Laure de Pétrarque, sont autant de pâles créatures d'éternité entrées au panthéon des amours idéalisées : ce sont des statues de pierre littéraires fonctionnant **comme des protections face à la peur d'aimer, avec le risque de souffrir que cela implique. En effet, aimer revient à affronter l'inconnu** ; c'est pourtant bien la seule façon de s'éprouver vivant, et de célébrer ces agapes du cœur qu'est l'amour partagé et vécu comme une « folie » antique, dans l'allégresse. Pour cela, il faut avoir **une bonne image de soi-même, être autonome psychiquement, avoir construit un socle de confiance et d'estime de soi, pour pouvoir se donner à l'autre sans se sentir menacé**. Or, les possibilités offertes par les nouvelles technologies offrent mille et un moyens de se protéger de la rencontre amoureuse, de son choc qui passe par les sens, la voix, les yeux, le corps, les émotions. Les sites de conversations permettent certes de se désinhiber, de tromper sa solitude quand elle crie au fond de la nuit, ou quand vient le crépuscule.

Ils mènent parfois à des rencontres authentiques, comme un personnage d'un film de Woody Allen descendrait de l'écran pour marcher dans la vie. Certes. **Il y a lieu de s'interroger sur soi-même quand ces pratiques, associées aux images de la webcam, perdurent** dans le zapping généralisé de la souris qui permet d'essayer d'autres contacts à la vitesse de la lumière, comme on tâterait un fruit sur un marché, puis un autre. La tentation du corps-marchandise coupé des émotions signe un empêchement profond, pour de tristes handicapés de l'amour. **Ces pratiques facilitent et perpétuent le fonctionnement pulsionnel de l'enfant non sevré et tyrannique.** Pouvoir aimer revient à apprendre à aménager la pulsion du « tout, tout de suite » du petit non sevré pour apprendre le manque, ce carême qui nous mène au désir de nous mettre en projet à deux. Enfin, **le fait de s'inventer une fausse identité, un physique, une profession, une appartenance sociale différents de sa réalité,** devant l'écran des contacts virtuels, est une façon de tricher avec soi-même : **échapper à la souffrance d'une blessure, d'une mauvaise estime de soi, d'un manque de confiance**. Il faut alors entreprendre de s'interroger sur soi-même pour accepter ce que l'on est et reconstruire une confiance.

Se jeter dans l'hyperactivité, ou l'échappée libre pour ne pas voir...

Autre ruse de l'inconscient qui a plus d'un tour dans son sac : **se jeter à corps perdu dans l'hyperactivité**, pour échapper, échapper, ne pas se remettre en mouvement dans sa vie amoureuse, soit parce que le couple n'en est pas un, soit parce qu'une rupture vous a mis en lambeaux. C'est une façon **d'éviter le face-à-face douloureux avec soi-même** en pensant parfois préserver ce qui tient debout, à coup de plâtre jeté contre les lézardes d'une maison d'amour branlante, où un conjoint n'est plus qu'une ombre, et où des enfants traduisent leur souffrance de mille et une façons. **L'hyperactivité peut prendre des visages très différents** : s'enfoncer dans le travail sous le prétexte de maintien d'un statut social qui pousserait à gagner toujours plus d'argent, pour donner des signes extérieurs de réussite sociale qui compensent le vide ; on peut aussi **transférer sur ses enfants tout l'amour** mal vécu, dans un couple ancré sur des bases bancales, ou par insatisfaction personnelle et frustration de ne s'être pas réalisé ; multiplier les activités, quelles qu'elles soient, sans laisser une place à la vie de couple, à une intimité partagée qui, de fait, n'est pas :

> Il s'agissait d'échapper à la lucidité, et à la souffrance du manque d'épanouissement d'un couple construit sur des bases qui ne furent pas celles de la réciprocité du désir, de l'élan premier que j'ai connu plus tard avec l'homme de ma vie.

Ce sont les mots d'Isabelle, qui a réfléchi sur son propre passé après avoir rencontré cette « seconde chance » d'un amour accompli, fruit d'une maturité intérieure aboutie. L'hyperactivité est aussi une façon d'anesthésier la douleur affective de deuils psychiques non achevés ou figés, qui ont entamé la vie intime du couple sans qu'il parvienne à les dépasser : perte d'un enfant, d'un parent, qui vient rouvrir des blessures affectives très anciennes.

Transformer sa peur d'aimer pour remettre son cœur et sa vie en marche

Si l'inconscient a le sens de la ruse pour échapper aux douleurs d'amour non cicatrisées, il est pourtant possible de s'engager vers l'évolution de soi, pour transformer sa vie : faire de sa « boue » baudelairienne intérieure de « l'or », ou du moins se remettre en mouvement, puisque c'est le principe même de la vie. Il faut apprendre à déposer sur le sol les cendres qui seront l'engrais d'une vie à venir, d'une renaissance de l'être, du corps, du cœur.

Accepter d'avoir à perdre pour gagner une autonomie intérieure

La rupture amoureuse, quelle qu'en soit la forme, **donne rendez-vous avec soi-même** : elle vient pointer là où cela fait mal, rouvrir des cicatrices ; elle peut être le détonateur qui replace dans une insécurité affective pathologique. Faire le point sur ses douleurs anciennes est donc nécessaire : il faut s'interroger sur les événements douloureux de l'enfance et l'adolescence que cela vient réactiver. **Autrement dit, l'heure est venue d'accepter de prendre rendez-vous avec soi-même pour régler ses comptes** avec son passé familial : c'est à ce prix que l'acceptation de la perte de l'autre pourra se mettre en œuvre, car les liens anciens de dépendance à un père, à une mère pas à la bonne place se dénoueront. Évidemment, cela passe par **plusieurs phases**. Il faut se mettre en situation de **faire remonter les émotions négatives rentrées** (colère, ressentiment, amertume…) : écriture, journal intime, théâtre, travail sur le corps, entretiens suivis avec un psychothérapeute quand la douleur ne passe pas, psychoboxe, yoga, massages psychothérapeutiques, sophrologie… La façon dont on aime et dont on souffre repose sur ce qui a été appris dans l'antre familial, à partir des fonctionnements affectifs du couple formé par les parents. S'autoriser à exprimer les émotions négatives pour les évacuer **conduira alors à dépasser la douleur actuelle**, **à accepter de perdre l'autre**, de transformer la dépendance psychique, pour aller vers le pardon. Le deuil psychique, qui consiste à se décrocher de l'autre, à accepter de dire au revoir à la relation ancienne, permet d'y accéder. **Faire le deuil, c'est apprendre à perdre pour gagner, se placer du côté de la vie.** Il est alors possible de se remettre en vie et donc en projet, de se rendre disponible psychiquement, pour accueillir, plus tard, quelqu'un d'autre.

Apprendre à s'aimer pour aimer quelqu'un

Aide-toi, le Ciel t'aidera, pourrait chuchoter La Fontaine à l'oreille de l'amoureux en souffrance. On pourrait dire qu'il y a une décision à prendre pour renaître : va-t-on choisir de rester prisonnier de la « *Via Dolorosa* », du regard négatif que l'on porte sur soi-même, ou accepter de le transformer ? Faire le choix d'une « voie lactée » qui conduirait à apprendre à s'aimer revient à accepter de n'être pas parfait, d'être faillible, c'est-à-dire humain. **Il faut s'examiner soi-même, en approchant la caméra autrement, en variant les prises de vue** : plan d'ensemble, zoom, plongée, contre-plongée ; selon que l'on est dans le pays des Lilliputiens ou dans celui des

Géants, on ne voit pas le monde de la même façon… Il est alors possible de découvrir que la vision que nous avions de nous-mêmes n'est peut-être pas la bonne, qu'elle est le **résultat de ce que nous avons entendu dire de nous, par les autres, la famille, l'entourage. Les valeurs véhiculées par la société peuvent aussi nuire à l'acceptation de ce que l'on est** :

> J'ai toujours pensé que j'étais trop maigre, inconsistante, en fait non aimable. On me répétait tout le temps, quand j'étais adolescente, qu'il fallait que je grossisse, que j'avais des cernes… Je me suis recroquevillée sur moi-même et ai été incapable d'oser aller vers l'homme que j'aimais, que je n'ai pu retrouver que des années plus tard, après un travail thérapeutique et des expériences de vie, des rencontres, un travail, qui m'ont construite.

Les paroles de Marie sont intéressantes. Tout l'enjeu revient **à se débarrasser d'une sorte de peau d'emprunt que l'on a dû endosser comme un vêtement non choisi**, et qui ne convient pas. Il en va du regard posé sur l'apparence comme sur la personnalité. Comprendre qu'être aimable, cela revient à s'accepter : apprendre à oser simplement être soi-même en acceptant de ne pas être parfait, mais en accueillant ses failles, et donc ses qualités. **Un travail sur le corps, le ressenti, la respiration, l'exploration des sensations** permet **l'ouverture à la vibration** et peut aider à se recentrer sur l'être authentique : apprendre à s'ancrer davantage. Les thérapies sont conseillées à ceux qui doivent faire un travail sur leur passé familial, et qui ont une blessure narcissique profonde.

S'aimer, c'est d'abord se réconcilier avec soi-même, accepter l'imperfection de notre « humaine condition » : cela ouvre les portes d'une meilleure estime de soi et d'une confiance que les actes engagés construiront avec le temps. Il est alors possible d'oser se tourner vers quelqu'un et de se donner, sans peur d'être rejeté.

Désamorcer la crainte d'aimer et donc celle d'être aimé

On ne répétera jamais assez qu'il faut d'abord affronter son miroir pour comprendre que la peur d'aimer relève d'un **certain manque de confiance en soi**. Oser le couple repose sur suffisamment d'amour de soi, qui demande de commencer par s'accepter. « Aime-toi toi-même pour apprendre à aimer ton prochain », pourrait-on dire pour parodier le très chrétien *Aime ton prochain comme toi-même*. Oser le couple veut dire qu'il faut jeter sur soi un regard neuf, malgré les douleurs anciennes qui ont parfois conduit à se recroqueviller : un peu comme on regarderait le petit coin de ciel bleu malgré les nuages qui le traversent. Il s'agit de remettre à sa place le désir de perfection, qui n'est que le masque d'un besoin éperdu de se sentir aimé, parce qu'on a eu le sentiment, parfois non conscient, de ne pas l'être. **Accepter donc l'imperfection de notre humaine condition**, accepter de ne pas marcher sur l'Olympe des dieux, du reste pas si parfaits, si l'on considère leur démesure… Au fond, il serait question d'apprendre à relativiser, pour accepter d'avoir des travers comme chaque être humain. C'est ainsi que nous pourrons apprendre à considérer les qualités qui sont les nôtres, et à développer le sentiment d'être *aimable*, au sens du théâtre du XVIIe siècle, c'est-à-dire « susceptible d'être aimé ».

Casser aussi les idées reçues portées par les modes qui prévalent socialement, telles des dictatures, en termes de canons consacrés relatifs aux critères de beauté, de séduction. Il faut en passer par **une décision de libération intérieure**, qui consiste à être doux avec soi-même, et **à établir une sorte de bilan de soi, par exemple en dressant une liste écrite des atouts et des travers, du moins considérés comme tels.**

Ne pas tricher, s'autoriser à exprimer sa peur intérieure, à la regarder en face. S'appuyer ensuite, avec objectivité, sur ses qualités revient à agir pour qu'elles soient le socle de projets personnels qui seront la rampe de lancement d'une meilleure estime de soi : une première marche engage à grimper la deuxième, puis la confiance s'installe, l'estime de soi augmente. Autrement dit, pour oser aimer quelqu'un, encore faut-il pouvoir s'être construit soi-même, et avoir conscience de ce qui existe déjà, dans nos réalisations personnelles.

Dès lors, la crainte d'être abandonné par un partenaire sera moindre, car l'on sait que l'on pourra toujours compter sur soi, sur ce socle intérieur de construction personnelle.

Penser aussi que ce qui, à ses yeux, ne semble pas aimable, ne l'est pas forcément aux yeux du partenaire, et relève souvent d'un passé ancien : un père, une mère, auront eu des mots blessants, ou encore n'auront pas posé sur soi ce fameux regard bienveillant, aimant, dans la petite enfance. »

Ne plus avoir peur d'être aimé revient à avoir appris à s'autoriser à être soi-même, en acceptant d'avoir des limites qui nous permettent d'être enfin nous-mêmes en toute authenticité et de nous donner, enfin.

UN PARI, POUR FAIRE
TRIOMPHER L'AMOUR :
FAIRE DURER LE COUPLE, UN
DEVENIR AU JOUR LE JOUR

L'amour qui se prolonge, entre sentiment à entretenir, volonté partagée et travail…

Du désir réciproque à faire durer, un chantier permanent

Reprenons l'idée fondamentale que tout couple qui prétend à un « désir d'avenir » repose sur la terre d'ancrage d'un élan réciproque : Éros ne se suffit pas, le désir ne se survit pas à lui-même, il a besoin d'Antéros, « l'amour retourné » : il désire en effet que le partenaire le désire. C'est cet élan fondateur qui crée le lien, au sens de faire couple, lien à tisser avec le fil patient de Pénélope : l'absence d'Ulysse ne tue pas le désir qu'elle a de celui qui finira par rentrer en Ithaque, après des épreuves qui auront été un ciment pour renforcer l'amour. En effet, **cette réciprocité du désir qui crée l'intimité va devoir être mise en chantier** après les premières années. Si la rencontre conduit, dit Cyrulnik dans *Aimer au bord du gouffre*, à « désirer et s'attacher », elle ne suffit pas en soi. Seul ce désir réciproque ouvre la porte à la construction d'une intimité tissée au jour le jour et menacée par la vie quotidienne, le temps. Disons que si le couple repose sur les valeurs de l'authenticité des sentiments éprouvés, débarrassés des scories du passé familial, sur la simplicité, et sur la liberté intérieure de chacun de penser par soi-même, il peut triompher de tous les parasites qui le menacent. Il reviendra, **en étant vigilant,** sur ses fondamentaux : **élan réciproque, liberté intérieure, projet pour exister toujours par soi-même, et projet à deux**. Faire durer le couple revient à être lucide face à une réalité : le désir, cette fleur si fragile, s'entretient, et est toujours du côté de la gratuité. S'il a existé au départ, chaque partenaire aura la volonté de lui faire jouer les prolongations, malgré la vie quotidienne qui le menace. **Casser les habitudes, introduire de la fantaisie, du jeu, oser explorer autre chose dans la vie sexuelle** : rien n'est tabou, dans la mesure où chacun s'y prête ; il ne s'agit alors pas d'une « fantaisie mentale » freudienne qui introduit un tiers entre l'un et l'autre et dénoue, du fait du non-consentement d'un des partenaires. Il faudra aussi se **consacrer du temps**, se préserver **une bulle pour être deux**, pour se placer du côté du plaisir, pour plaire à l'autre, **l'inviter à vivre des moments à deux**, quels qu'ils soient, comme autant de baisers volés. Le désir peut être alimenté à tout âge, à condition de se considérer comme un inventeur, **et de ne pas le considérer comme acquis, mais susceptible de basculer** :

> Nous sommes devenus des artistes de notre vie de couple, en partant du principe que l'autre n'est pas une propriété, qu'il reste un mystère, que le désir est fragile, qu'il demande qu'on s'occupe de lui. Cette vigilance ne reposait en fait que sur cet élan infini qui nous a poussés l'un vers l'autre au commencement de notre histoire.

Les mots de Sylvia disent qu'il relève d'une forme de créativité permanente que seule rend possible cette « joie de vivre » du sentiment amoureux authentiquement éprouvé. Cette **énergie solaire donne alors la**

volonté du travail patient du jardinier qu'est l'entretien du désir : continuer à faire attention à l'autre, rester à son écoute, chercher à lui faire plaisir, à lui plaire, à le surprendre. Et ceci, malgré les tendances, les modes, les enfants, le travail, les autres, la fatigue. **Aimer est donc un travail obstiné, mais consenti, lié à la véracité des sentiments**, permettant à l'intimité de durer, même si les hormones ne mettent plus le cerveau sens dessus dessous.

Entretenir le dialogue, et la complicité

Tout couple désireux d'entretenir la fleur de son intimité aura pour phare un mot, celui du *dialogue*, à ne jamais interrompre.

Jacques Salomé, psychosociologue auteur de nombreux ouvrages, rappelle que pour maintenir en vie cette communication intime il est nécessaire de s'interroger avec humilité et sincérité : il propose de « trouver les mots pour le dire », à la façon de Marie Cardinal, relativement à la manière dont il est possible de caractériser, de décrire la relation vécue. Il renvoie aussi à la question du désengagement freudien vis-à-vis de la relation familiale : est-on suffisamment libre du passé archaïque pour aimer quelqu'un d'autre ? Il propose aussi de se questionner sur le degré de liberté intérieure qui est le nôtre, et qui conditionne toute capacité à échanger : **s'il s'agit de pouvoir donner, se donner, il faut être aussi capable de recevoir**. A-t-on ou non appris cet échange, dans le cadre du passé familial ? Les mots de Chantal sont éclairants :

J'ai passé mon adolescence à satisfaire les attentes de ma mère, à porter ses angoisses, à être en quelque sorte son infirmière. Dans ma vie de couple, je me suis aperçue que je perpétuais ce schéma, mais que j'étais incapable de recevoir quelque chose de mon compagnon. Il a fini par me quitter, un peu comme un adolescent aurait fini sa croissance auprès de la mère de substitution que j'ai été pour lui. Il a fallu que je travaille sur mon passé pour me transformer de l'intérieur avant d'être capable de rencontrer quelqu'un, en étant à la place de la femme que j'étais enfin devenue.

Apprendre à se parler à soi-même pour pouvoir parler avec l'autre est donc une nécessité pour que s'établisse et perdure la complicité dans le couple.

Oser faire, régulièrement, l'état des lieux du couple

Il ne s'agit certes pas d'organiser les états généraux du couple ou d'ouvrir un cahier de doléances digne de la Révolution française. Quoique… C'est bien du chaos que naissent les mondes nouveaux, nous ont appris les mythologies du monde ! **Un état des lieux permet** en tout cas **d'entretenir, de restaurer, d'améliorer, voire de sauver le dialogue : il s'agit, quand l'amour est juste en panne, d'éviter l'enlisement d'une situation** de monologue digne du théâtre de l'absurde, à la façon de *Oh les beaux jours*, de Beckett. Les Winnie et les Willie sont légion… Cela passe donc par une mise à plat : il faut s'employer à mettre sur la table les choses qui fâchent, d'autant plus quand le couple en est arrivé au degré zéro de l'échange verbal. S'il est assis sur le socle initial des sentiments authentiques, s'il n'a pas triché au départ, il peut, par ce bilan lucide et sincère, lécher ses plaies, évoluer, se transformer. **En accéléré, voici un jeu de questions possibles** à se poser à tout moment de la relation, pour apprendre à échanger, faire le point, ou encore s'adresser au partenaire d'une autre manière, quand la communication est bloquée. Rappelons qu'un échange en panne peut se traduire par de la violence verbale, ou bien du mutisme, du silence. Prêtons-nous donc au jeu des questions à se poser, soi-même et à deux :

– Existe-t-il un décalage entre l'idée que nous nous faisions du couple et sa réalité vécue ?

– Avons-nous construit le couple sur des bases de désir réciproque, de sentiment authentique ou avons-nous triché, pour nous réparer, par immaturité ?

– Avons-nous choisi l'autre pour ce qu'il est et non pas pour ce qu'il représente ?

– Quelle place accordons-nous au couple dans la vie quotidienne ?

– Sommes-nous satisfaits, ici et maintenant, de notre couple ?

– Échangeons-nous suffisamment ?

– Savons-nous encore parler d'amour ?

– Cet échange est-il constructif ?

– L'humour et le jeu ont-ils leur place dans le couple ?

– Accordons-nous du temps à l'autre ?

– Parvenons-nous à vivre des heures à deux, en dehors de la vie familiale et professionnelle ?

– La vie intime et sexuelle est-elle satisfaisante ?

– Comment a-t-elle évolué, depuis le début de la relation ?

– L'élan érotique existe-t-il toujours, et les fantasmes l'alimentent-ils ?

– Avons-nous toujours envie de nous surprendre mutuellement ?

– Les sentiments que nous nous portons ont-ils évolué et dans quel sens ?

– L'autre est-il toujours l'élu ?

– Laissons-nous l'autre être lui-même et évoluer individuellement ?

– Le couple est-il ouvert aux autres et de quelle façon ?

– Les enfants sont-ils à la bonne place, et n'ont-ils pas envahi l'intimité du couple ?

– Que reste-t-il du couple, au moment où les enfants, devenus adolescents, nous renvoient à nous-mêmes, en tant que binôme et individus ?

– L'entourage familial est-il à la bonne place, ni trop absent ni trop présent ?

– Sommes-nous l'un et l'autre suffisamment autonomes vis-à-vis de nos propres parents ?

– Avons-nous le désir de nous libérer d'un passé

familial qui entrave, pour nous engager, nous impliquer dans notre relation amoureuse ?

– Suis-je capable de dire oui et de dire non, de ne pas subir ?

– Suis-je capable de rester ce que je suis sans renoncer à moi-même ?

– S'agit-il bien d'un vrai lien d'amour, et non d'une dépendance maladive qui place sous l'emprise d'une peur infantile ?

– Avons-nous réglé nos comptes, si nécessaire, et pardonné ?

– Avons-nous en nous l'autonomie psychique permettant de surmonter les moments qui mettent le couple à l'épreuve ?

– Comment se projette-t-on, dans l'avenir proche ou moyen, à deux ?

– Avons-nous envie de continuer un bout de chemin ensemble ?

– Vieillirons-nous ensemble et sur quel mode ?

– Serions-nous là pour lui, pour elle, à l'occasion d'un mauvais virage de la vie ?

– Est-il, est-elle toujours, la femme ou l'homme de ma vie, à l'instant présent ?

Accepter l'idée que le couple idéal n'existe pas...

Pas d'accord parfait pour le couple

Juste une intersection choisie...

Il est en effet nécessaire de déconstruire la vision idéale ou idéalisée du couple : il faut passer, comme en littérature, du romantisme essoufflé de Flaubert à une vision plus réaliste. Autrement dit, il faut casser les clichés stériles qui ne feront pas pousser miraculeusement les plantes du bonheur à deux. **Représentons-nous les choses de façon un peu abstraite** : soit deux ensembles, deux êtres humains qui s'aiment et décident de créer du lien dans cet emboîtement à construire qu'est le couple. **Ces deux ensembles ne se superposent pas**, sinon l'un entrerait en fusion avec l'autre, comme dans le cas de l'amour passion, parenthèse non durable en forme de nostalgie régressive d'un lien familial archaïque. Simplement, disons que le couple construit sur un désir réciproque peut durer, en y travaillant, **si les ensembles forment simplement une intersection choisie, entre alchimie neurobiologique et irrationnel du cœur.** Dans celle-là, l'un partage avec l'autre amour, émotion, projets à deux et pour deux, désir et plaisir, parallèlement à la vie familiale, amicale ou associative. Dans le couple, l'un n'est donc pas l'autre. Chacun conserve une vie, une identité propre, **sans chercher à se réaliser à travers l'autre**. Cette intersection commune, qui doit être alimentée pour être vivante, célèbre les mots de La Rochefoucauld : « L'amour, aussi bien que le feu, ne peut subsister sans un mouvement perpétuel, et il cesse de vivre, dès qu'il cesse d'espérer ou de craindre ».

Des désaccords possibles sur un socle d'amour authentique

« Chacun ne peut rencontrer que l'objet qui lui correspond, pour lequel il a été façonné. » Ces paroles de Boris Cyrulnik, dans *Parler d'amour au bord du gouffre*, ne doivent pas faire oublier que l'entente parfaite est une illusion digne d'une image d'Épinal. Sans doute les contes de fées qui s'achèvent sur les mots en forme de cadeau empoisonné : *Ils se marièrent, ils furent heureux et eurent beaucoup d'enfants*, continuent-ils à formater les consciences. Il est intéressant de constater que rien n'est dit de la façon dont les choses se vivent ensuite. Cela signifie que ce couple est bel et bien à inventer au jour le jour, en acceptant que plusieurs points de divergence existent.

La condition est que le respect dû à l'autre demeure, et que sa dignité et sa liberté d'être lui-même soient préservées, quelle que soit la source du désaccord. Si le partenaire est aimé pour ce qu'il est et non pas considéré comme un objet, une possession, une propriété, alors ces divergences, qui reposent aussi sur des différences de vue qui peuvent alimenter, enrichir la relation, n'altèrent pas en profondeur la relation, si elle est fondée sur un amour authentique. Laissons la parole à Céline :

> Nos désaccords sont assez nombreux. Nous n'avons pas exactement les mêmes idées politiques, ne partageons pas tout, et si nous avons quelques passions communes, nous avons développé chacun des loisirs et des intérêts différents. À la maison, nous faisons naturellement des concessions, pour partager notre espace de vie : notre couple est fort, car il est fondé sur une estime mutuelle profonde, un élan du cœur, un désir profond, un dialogue entretenu, une intimité et une complicité qui nous font nous emboîter l'un l'autre, dans la confiance et la joie d'être ensemble.

Belle définition du couple autonome, construit sur les bases d'une maturité individuelle rendant possible une vie à deux, dans une jolie cabane d'amour, en restant soi, à deux. **Cela suppose de ne pas demander à l'autre d'être une béquille pour aider à vivre, compenser, exister**. Sinon, les sources de **conflit** sont liées à une dépendance maladive qui parle d'un passé familial mal digéré, et empêche le couple d'en être un. C'est alors un scénario qui risque de ne pas connaître de *happy end*. **Il est donc indispensable que chaque partenaire se remette en question lui-même** pour pouvoir reconstruire un dialogue à deux, si le sentiment amoureux est authentique et que **chacun désire transformer la relation**.

Ne pas tout attendre de l'autre ni l'impossible

« Demande à chacun ce qu'il peut donner », dit Ovide dans *l'Art d'aimer*… Attendre de l'autre ce qu'il ne peut pas nous donner est de l'ordre de l'impasse ; cela signale une souffrance psychique, et un couple construit sur des bases bancales. Tout attendre de l'autre revient à ne pas le considérer tel qu'il est ni à l'aimer comme tel, **mais à lui demander d'être quelqu'un d'autre**. C'est aussi lui demander d'offrir une image valorisante, si on est resté fixé sur ses besoins infantiles tout-puissants, ou si on est resté prisonnier de fragilités non cicatrisées. « Lucrèce veut une femme aimée pour elle-même, pas pour ce qu'elle représente », nous rappelle le philosophe Michel Onfray dans *Les Sagesses antiques*. Sinon, personne n'est à la bonne place, et le couple n'en est pas un.

Zoom sur des pistes de questions précieuses, pour ne pas se laisser croquer par le Minotaure qui menace les partenaires entrés dans un drôle de labyrinthe.

- Quelle autre personne se cache derrière celle pour qui j'ai des exigences qui ne sont pas à la bonne place ?
- Qui parle en moi, à ce moment-là ? Est-ce l'adulte, ou bien l'enfant qui renaît, avec ses souffrances non cicatrisées ?
- À qui s'adresse vraiment les reproches, les plaintes, les insatisfactions ?
- Ne suis-je pas en train de projeter des attentes déçues d'enfant mal aimé, ou encore des exigences tyranniques d'enfant gâté, au sens propre du terme ?
- Suis-je satisfaite de mes réalisations personnelles, professionnelles, ou autres, en tant qu'individu ?
- Ai-je choisi mon partenaire pour son être, ou sa « chemise », qui me valorise ?
- N'ai-je pas tendance à me réaliser à travers mon partenaire par manque de confiance et d'estime de moi-même ?

- Ai-je suffisamment de liberté intérieure pour tenter de me transformer, si mes projets personnels sont en panne ?
- Ai-je bien choisi l'autre sur des bases d'amour et de désir authentique ?

Entreprendre de faire la liste de ces questions avec honnêteté, **et tenter d'y répondre par écrit** peut offrir des pistes pour se transformer intérieurement, afin de faire évoluer la relation empoisonnée par un passé personnel non dépassé. Il arrive qu'une fin d'histoire se profile, si ce qui a réuni les partenaires était un trompe-l'œil. Le couple peut aussi se régénérer, ou d'ailleurs même se construire, si au commencement, l'amour était vraiment au rendez-vous, et que la rencontre s'est jouée sur l'essentiel : « *Étreindre étreindre ce qu'on aime / Tout le reste est jouer aux dés [...] Être toi par où je te touche / Et tout le reste est des idées* », pour en revenir à Ferrat chantant Aragon, dans le poème « Le tiers chant ». Se souvenir, aussi, que dans l'amour, l'autre n'est jamais là où on l'attend : c'est bien ce qui soutient sa vitalité, à condition d'être suffisamment construit individuellement pour ne pas douter en laissant l'enfant en souffrance reprendre la parole à sa place. Un couple en bonne santé psychique, ce serait deux personnes dont les âges, sur les cartes d'identité, coïncideraient avec ceux de la maturité affective.

Rester soi, à deux : des équilibristes en travail, au jour le jour...

Préserver la tonicité du couple authentiquement amoureux au cours des années, voire des décennies, relève de la quadrature du cercle... Il importe, pour tenter de réussir cet excitant pari, de ne pas renoncer à soi, de rester impliqué dans son aventure personnelle : **un couple vivant repose sur des individus dynamiques qui ne se sont pas fossilisés**. Évoluer pour soi, confirmer des passions, les creuser, les approfondir, oser réaliser ou réactiver un désir ancien auquel on a renoncé : c'est ce qui permet aussi d'alimenter la relation à deux, d'échapper à l'usure. Certaines périodes de la vie commune sont davantage propices à cette réinvention de soi, notamment lorsque les enfants ont acquis davantage d'autonomie. Par ailleurs, **ce souffle à entretenir suppose aussi d'évoluer à deux, en élaborant des projets communs**, à court ou moyen terme. Résumons : être en devenir de soi, tout en étant les inventeurs d'un avenir pour deux. Tel est le pari, très pascalien, à prendre, sachant qu'il n'est possible que si : « Je ne saurais trouver chemins si difficiles / Ni si désolés, qu'ils n'empêchent l'Amour / De venir avec moi sans cesse deviser ». Ces vers écrits par Pétrarque dans le poème « Solitude » nous rappellent que **la durée de la relation amoureuse profonde n'est possible que sur un engagement du cœur sincère**, qui seul peut donner ce souffle, **cette volonté désirante mutuelle** d'entretien du sentiment. En effet, ce « lourd travail d'amour » qui nous « développe », dit

Rilke dans ses *Lettres à un jeune poète*, parallèlement à la vie sociale, familiale, professionnelle, exige que chacun n'ait pas triché avec lui-même. Tôt ou tard, sinon, la vie vient présenter l'addition. Se pose évidemment la question de la fidélité à soi-même, et à l'autre, sachant que tout est mouvement, dans la vie, rappellent les Grecs et les taoïstes.

Construire la fidélité, une volonté désirante

La fidélité repose, l'avons-nous dit, sur le lien fort d'amour engagé durant les premières années, et sur la maturité psychique des partenaires. **Qui dit implication amoureuse profonde suppose véracité du lien, et liberté psychique intérieure** : il faut ne plus être dépendant d'un lien familial trop fort, non liquidé, qui est un fil à la patte et peut déboucher **sur la tentation de l'infidélité renouvelée, pour rester fidèle à un personnage familial**, inconsciemment. Lorsque l'on se donne librement, plein et entier, à l'élu, il est possible, malgré le temps qui passe, de découvrir encore des trésors dans l'intimité partagée, cette mer si profonde et complexe qu'elle ne lasse jamais. **Cet engagement librement consenti est à rejouer, au jour le jour, fruit d'une volonté de désir mutuelle,** et d'un épanouissement du couple et des individus autonomes qui le construisent. Le fait de rester vivant en ne renonçant pas à des projets personnels permet aussi d'éviter de confondre désir d'évolution pour soi et attirance pour un autre. Cependant, avoir construit sa relation, non sur une dépendance maladive de compensation, mais sur un choix d'amour qui laisse l'autre libre d'être lui-même, sans possessivité ni sens de la propriété, est fondamental. Pourtant, bien des infidélités reposent ainsi sur des parties mal engagées au départ, du fait de personnes non libres psychiquement, ou encore qui ont évolué quant à leur maturité affective, et sont enfin prêtes à vivre un amour plus accompli. Ce sont alors, comme dans la nature, **des fins de cycles amoureux** qui s'annoncent. Les paroles de Sophia sont édifiantes :

> J'ai mis du temps à faire une vraie rencontre d'amour, après une vie de tâtonnements, de réparation d'une enfance blessée, d'expériences professionnelles et d'exploration amoureuse qui m'ont permis, un jour, d'arriver à moi-même, de lâcher prise en étant enfin ancrée et disponible, vraiment, à l'intérieur, pour aimer quelqu'un pour ce qu'il était profondément. La fidélité a été alors comme une évidence, à renouveler par mon désir d'être toujours attentive à l'homme que j'avais choisi. Nous nous étions comme emboîtés naturellement, dans un élan porteur de joie de vivre.

La fidélité possible, ce serait, en quelque sorte, avoir accompli un chemin en soi pour se sentir, un jour, à la juste place, entre le Ciel et la Terre, disent les taoïstes, de Lie Tseu à Lao Tseu ; auprès de l'aimé **pour être, à deux, soi-même…** « La courbe de tes yeux fait le tour de mon cœur […] Et si je ne sais plus tout ce que j'ai vécu / C'est que tes yeux ne m'ont pas toujours vu », murmure Paul Éluard, dans « Capitale de la douleur »…

CONCLUSION

Il y a un paradoxe à vouloir conclure sur le thème de la relation amoureuse, **travail exigeant toujours en travail**, et qui nous engage à regarder l'autre avec « l'œil fertile » d'un poète… « Sculpter » l'amour « comme une œuvre d'art », pourrait-on dire, pour plagier le dandy Brummell… Le couple, ce serait donc **le grand pari d'une vie**, au sens pascalien du terme : il y aurait donc une chance sur deux de se tromper, en acceptant de jouer le jeu de l'amour à deux. Et pourtant, gageons qu'au-delà de toutes les peurs qui ne font pas sauter le pas, **c'est l'une des voies qui conduit à célébrer la vie et fait de nous des êtres vraiment vivants, dans la résonance juste**. Un jour, Pomone et Vertumne se rejoignent enfin. Aimer, oui, aimer dans un élan cosmique, pour une vibration essentielle : elle engage un être dans sa totalité, pour le relier enfin à un Autre, qui est alors partout, dans le ciel, les arbres, le chant d'un oiseau. Le monde, soudain, est en ordre. Tout est alors à sa place. Évidence limpide, eau de fontaine claire, qui ruisselle sous le grand soleil dur. Cette invitation à aimer, qui nous donne toute notre dimension, passe souvent par des routes de traverse, d'expérimentation, quand la vie, durant l'enfance et l'adolescence, a été chaotique. Peu importe. L'essentiel est d'avoir conscience que ce travail qu'est cette « folie d'amour » dont parlent les Anciens est possible, à condition d'accepter de faire face à soi-même. À quelque âge que ce soit. Rencontrer le fameux grand amour, l'amour inconditionnel, qui est élan puissant de vie, merveille inexplicable du cœur, suppose une préparation : tout dans la vie, depuis la naissance, y dispose, mais aussi y indispose, lorsque les douleurs de l'enfance égarent, font errer sur des routes cabossées de relations parfois en trompe l'œil : mélancoliques amours impossibles qui lacèrent le cœur, aventures trash qui enchaînent à la pulsion aveugle, grand doudou de l'amour consolateur, forte inclination érotique à consommer sans modération et sans mémoire… Autant de voyages intérieurs, de quêtes de soi, qui passent par des expérimentations du terrain amoureux pour parvenir un jour à l'amour, au couple qui lie : cela se travaille alors avec la volonté, que le désir réciproque initial donne ensuite pour jouer la carte de la durée. Résumons donc : **la relation amoureuse n'est pas donnée, c'est un marbre à travailler, c'est un chantier permanent, au jour le jour, où chacun doit être lui-même, rester vivant, tout en étant vibrant à deux, avec une « envie d'avenir »**. Ancrée, ouverte sur les autres et non encerclée par les murs du *Roman de la Rose*, elle doit composer avec la vie ordinaire, la famille, le temps, les autres. **Sa force tient donc d'une liberté psychique essentielle, de la disponibilité intérieure profonde de chacun :** si des ombres du passé familial font écran, elle ne résiste pas au temps qui passe. Ne pas se tromper de partenaire d'amour **revient à être nettoyé de l'intérieur**, purifié, ouvert, pour donner et recevoir, changer cette énergie en or qu'est l'amour vrai, qui circule sur la carte du Tendre des cœurs naturellement épris. La volonté du désir vrai, quand il s'agit de durer, prend alors le relais des hormones, qui n'ont pas la vie éternelle dans le cerveau. Qui n'a pas rêvé, à tout âge, de pouvoir dire un jour, dans la légèreté grave d'un cœur qui s'ouvre en grand : « Ma plus belle histoire d'amour, c'est vous », comme le chanta Barbara, la femme-piano… Comme s'il avait fallu perdre le nord pour trouver son port d'amour.

Table des matières

II. La relation amoureuse, entre fantasme et réalité

Vigilance oblige : l'amour, grand mot fourre-tout, pour des visages trompeurs…

III. Zoom pour être lucide : épreuves et fractures d'amour, mode d'emploi

Des épreuves inévitables ?

Temps de fractures, quand cela tourne court, ce qui arrive…

Du même auteur

ISBN : 978-2-7033-0793-8
Format : 13 x 19 cm -144 pages

Yvonne Poncet-Bonissol

Harcèlement moral

Dans ce guide pratique, étayé de **nombreux témoignages**, Yvonne Poncet-Bonissol nous **donne les clés permettant de décoder le langage et les attitudes du pervers** (au masculin comme au féminin). Quel est son mode de fonctionnement, comment manie-t-il à la fois terreur et séduction, comment se joue-t-il de votre sentiment de culpabilité ?
Mais surtout, **l'auteure propose des solutions concrètes pour s'affranchir d'une telle relation**, se soustraire à l'engrenage de la destruction, protéger les enfants, retrouver confiance en soi et, enfin, **se reconstruire dans une vie nouvelle**.

ISBN : 978-2-7033-0801-0
Format : 13 x 19 cm -128 pages

Yvonne Poncet-Bonissol

Trahison dans le couple et la famille

Le mot « trahison » évoque l'image d'un coup de couteau en plein cœur. Il suffit parfois de quelques mots pour que tout bascule et se déchire, dans le tissu de la confiance.
Comment réagir à la découverte d'une trahison, d'une infidélité ou lorsqu'un secret de famille nous est dévoilé ? Faut-il et peut-on pardonner, comment repenser la relation à la famille, au conjoint ? **Ce guide pratique, éclairé par de nombreux témoignages, apporte des réponses très concrètes pour ensuite donner des pistes menant à la reconstruction**.

Du même auteur

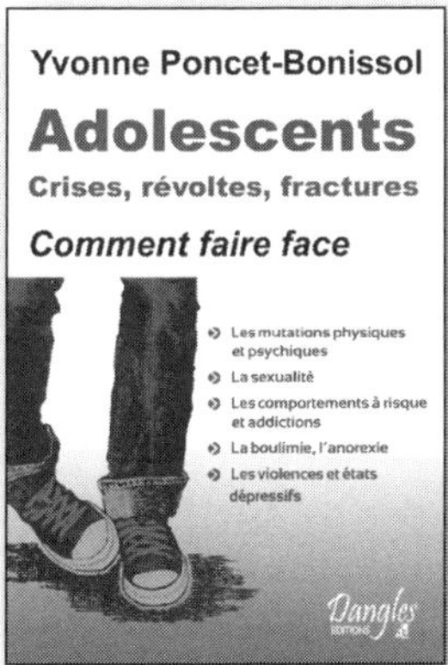

ISBN : 978-2-7033-0835-5
Format : 13 x 19 cm - 144 pages

Yvonne Poncet-Bonissol

Adolescents
Crises, révoltes, fractures
Comment faire face

Yvonne Poncet-Bonissol vous aide à mieux comprendre, préparer et accompagner votre adolescent afin qu'il franchisse avec succès son passage à l'âge adulte. **Tous les aspects sont abordés : les mutations physiques et psychiques, le réveil de la sexualité, les troubles scolaires, les addictions, l'anorexie, la violence, les états dépressifs, etc.** Cet ouvrage insiste sur l'importance de bien différencier les crises ou révoltes « non maladives » et ce qui relève de pathologies lourdes.

Cet ouvrage a été imprimé par
l'Imprimerie France Quercy - 46090 Mercuès
N° d'impression : 01140 - Dépôt légal : août 2010

Imprimé en France